PO ŚNIADANIU

EUSTACHY RYLSKI

PO ŚNIADANIU

Świat Książki

Projekt okładki
Małgorzata Karkowska

Na okładce wykorzystano
obraz Mirosława Grynia

Redaktor prowadzący
Ewa Niepokólczycka

Redakcja techniczna
Lidia Lamparska

Korekta
Elżbieta Jaroszuk

Świat Książki
Warszawa 2009

Bertelsmann Media Sp. z o.o.
ul. Rosoła 10
02-786 Warszawa

Skład i łamanie
Akces, Warszawa

Druk i oprawa
Białostockie Zakłady Graficzne S.A.

ISBN 978-83-247-1420-9
Nr 6703

Od autora

Co łączy tę siódemkę? Gdybym powiedział, że nic – niezasłużenie bym sobie naurągał, gdybym powiedział, że wszystko – nie obroniłbym własnej przesady. Stanę więc w pół drogi między nic a wszystko i przyznam, że łączy ją nie byle jaki czytelnik, za jakiego się uważam. Każdy z przedstawionych autorów był lub jest nadal ważnym dla mnie człowiekiem jak Malraux, ważnym człowiekiem i pisarzem jak Turgieniew i Camus, wyłącznie pisarzem albo poetą jak Iwaszkiewicz i Błok, wielkim idolem mojej młodości jak Hemingway lub – jak Capote – twórcą postaci, bez których moja młodość niewarta by była wspomnień, a starość uwagi. Pisarze, jak wszystko, przychodzą i odchodzą. Niektórych zatrzymujemy na chwilę, innych na całe życie.

Ale ponieważ całe życie jest chwilą, to czas trwania naszych literackich przyjaźni lub znajomości przestaje być ważny wobec powodów, dla których się zdarzyły. Moje powody są takie, mniej więcej, jakie w książce *Po śniadaniu* przedstawiam.

BIAŁY LANSON

1

Moją młodzieńczą fascynację literaturą, pisarzami, pisarskim życiem, możliwościami, które ono przedkłada, jego łatwością, dobrobytem, jaki gwarantuje, kobietami zwabianymi przez talent, burzliwymi wieczorami spędzanymi w modnych knajpach, literackimi podróżami, pensjonatami na Lazurowym Wybrzeżu, polowaniami w Afryce, prostym jedzeniem w oberżach Camargue i wystawnym w paryskich hotelach, corridami w Hiszpanii, śródziemnomorską opalenizną, połowem pstrągów w górskich potokach, nartami w Colorado, trampingiem w Montanie, perrierem z haigiem, perrierem z ginem Gordona, zimnym wermuthem Noilly Prat, białym reńskim, czerwonym francuskim, idąc krok dalej, udziałem, od czasu do czasu, w jakiejś wojnie, ma się rozumieć w najlepszej sprawie, ale na stanowisku dalekim od ognia, moją całą fascynację tą nieustającą fiestą, w której moc, młodość, zdrowie, wszelkie spełnione pożądania miksują się z sublimacją tworzenia, która, sądząc po doświadczeniach innych, nie jest nieosiągalna, znajduje się pod ręką, między ósmą rano a południem, to znaczy w świętym czasie owocującym naszymi opowiadaniami, porywanymi natychmiast przez wydawców i gazety, tę gorączkową, radosną fascynację, dobrze, jak myślałem, ukrytą, inżynier Jan kwitował bezlitośnie:

– To nie jest zajęcie dla dżentelmena.

– Literatura?

– Owszem, panie Stachu, literatura to nie jest zajęcie dla dżentelmena.

Rozumiem to teraz i w części popieram, wtedy nie rozumiałem.

Bo wtedy, na początku lat sześćdziesiątych, osaczony przez ciasnotę kanciapy nad wulkanizatornią i smród rozgrzanych opon, wyprawiałem mniej lub bardziej zdezelowane dżemsy z amerykańskiego demobilu lub niezłe czeskie tatry i pragi na śmiertelny bój z dłużycami albo papierówką w zachodnie Sudety.

Bywało, nie mówię, że często, ale bywało, że szoferowie tych potężnych ciężarówek, ich pomocnicy i ładowacze, gwałtowni na ogół, nieokrzesani, odważni, czasami desperacko oddani sobie i naprawdę niezłomni, wyjeżdżali z bazy o świcie w kwiecie własnej męskości i zadzierżystego chamstwa, by wieczorami spoczywać już w trumnach.

Śmierć i kalectwo nie były w firmie czymś powszednim, jednak ich stała możliwość czyniła je oczywistymi a fakt, że w każdym z tych przypadków miałem swój pośredni udział, czynił mój stosunek do ryzyka, jak na mnie, ryzykownym.

Firma była jednak miłosierna.

Śmierć auta, śmierć człowieka to sprawa do wewnątrz, a nie na zewnątrz.

Wymagano starań, karano za każdą nonszalancję, nieuwagę, powierzchowność, to wiedziano, że lina pęka, rozwora się rozchyla, mosty się rozsypują, resory wypadają, hamulce zawodzą, a drzewo jest nieustannie oczekiwane, dlatego odwiedziny śledczych, młodych asesorów lub rezydentów SB nie były uporczywe.

To firma wiedziała, kto nawalił, a nie przypadkowy prokurator czy sędzia.

Pomocnik montera, który nie wyolejował stalowej liny od rozwory, musiał się mieć na baczności, a i tak tracił. Tu w zasadzie nie było wybacz.

Firma miłosierna była i bezlitosna zarazem, bo tacy byli jej trzej szefowie, a wśród nich mój bezpośredni przełożony, inżynier Jan.

Hemingwayowski człowiek uporczywie nieprzekonany, mimo wielu moich prób, do Hemingwaya.

Bo trzeba wam wiedzieć, że należałem w tym czasie do wpływowego klanu młodych cymbałów oddanych Hemingwayowi, jak każdemu z nas się wydawało, na zawsze.

9

Niepodważalną zasługą pisarza było przekonanie do literatury tych, którzy, gdyby nie on, nigdy by po nią nie sięgnęli.

Myślę o ostrych, wysportowanych gościach, którzy nauczyli się niektórych jego opowiadań na pamięć, rozmawiali ze sobą i ze swoimi kobietami jego dialogami, znali temperaturę morza w delcie Rodanu, rozumieli mechanikę półtorametrowej strzelby na słonie, wiedzieli coś o kalibrze powtarzalnego springfielda, odstawiali wszechobecną wódkę na rzecz karykatury hemingwayowskich drinków, aranżowali się fizycznie na pisarza, a nie omijało to nawet skrofulicznych chudzielców z natury przeciwnych hemingwayowskiej zwalistości, którzy zasmakowali w byciu kandydatem na pisarza, bo pisarz od czasu Hemingwaya to nie był jajogłowy intelektualista w rogowych okularach na pół twarzy, uniwersytecki gawędziarz czy, nie daj Bóg, romantyczny gruźlik, tylko mężczyzna na sześć stóp z okładem, z ramionami gladiatora, z kwadratową, jankeską szczęką, nieobywający się bez alkoholu i kobiet, który raz w tygodniu musiał komuś dołożyć, a jednocześnie zdolny był do najwrażliwszych uczuć, najdelikatniejszej przyjaźni, najczulszych względów, a półlegendy Hłaski, Brychta, Iredyńskiego i kilku innych jeszcze to potwierdzały.

Doprawdy, jeżeli szukało się wzoru męskości do bezwarunkowej aprobaty, to w literaturze tego czasu i jej autorach.

Nikt ze znanych mi ludzi nie przystawał tak do klanu wyznawców Hemingwaya jak inżynier Jan. Wszystko go do tego predysponowało, wiek, powierzchowność, odwaga, chłodna uprzejmość, udokumentowana partyzancka przeszłość, sarkazm, nieobliczalność i męska charyzma. A jednak grzecznie odmawiał. Hemingway? Nie, dziękuję.

2

– Wie pan, kim jest matador po najważniejszej w sezonie corridzie? – zapytał inżynier, siedząc w głębi otwartej na przestrzał werandy w naszym poniemieckim domu. Był wrześniowy, lodowaty wieczór, para dymiła nam z ust, zjedliśmy makaron z serem i skwarkami podany nam przez moją babkę i zabieraliśmy się we trójkę do herbaty. – Otumanionym Bogiem, panie Stachu. Matador po najważniejszej w sezonie corridzie to otumaniony Bóg. I nieważne, czy jest nim plebejski Ordonez, czy nieco bardziej wyszukany Dominguin, wielki Villalta czy starzejący się Cagancho, długonogi de Triana, korpulentny Todo czy każdy inny, o którym pan nic nie wie.

On po walce podejdzie do hodowcy byka z Nawarry, Andaluzji czy Estremadury, którego zaszlachtował, do lokalnego hidalga, jeżeli go szanuje, do przodownika Guardia Civil, którego się boi, do seniora jednej z tych wielkich hiszpańskich rodzin, dzięki którym Hiszpania jest Hiszpanią, a corrida corridą, do swego ojca, stryja lub wuja, którzy go na to zajęcie namówili, do właściciela hotelu, w jakim się zatrzymał, a nawet do kelnera, który w tym hotelu podaje mu popołudniową kawę z kieliszkiem ziołowego likieru, wreszcie do każdego wyznawcy wspólnej religii i wspólnego kościoła, ale nie do turysty z Ameryki, nawet jeżeli jest pisarzem. Bo dla Ordoneza, Dominguina czy tego trzeciego, o którym nic nie wiemy, pański pisarz nie jest partnerem do uniesienia. A on jest cholernie uniesiony.

Pański pisarz to mitoman, konfabulator, łgarz.

Opar za oparem sunął ku nam w zapadających ciemnościach. Ogarniał nas chłód, jak w zimie.

– To jak z naszymi chłopcami. Uda mu się po raz któryś umknąć przed szarżującą dłużycą, to nie podejdzie do pana, żeby rozprowadzić swoją emocję. Ani do mnie.

Nie miałem jeszcze wtedy dwudziestu lat i tykano mnie niemiłosiernie, ale nie pamiętam, by inżynier zwrócił się do mnie kiedykolwiek per „ty", i nie pamiętam, by wobec kogokolwiek innego mu się to przytrafiło. I nie miało to żadnego związku z szacunkiem wobec innych, raczej wobec siebie.

Bo, mam wrażenie, że siebie inżynier bezwarunkowo, dogłębnie i ostentacyjnie szanował.

Do tego stopnia, że podczas jednej z knajpianych awantur, nieliczne zresztą odbyły się bez jego udziału, kładąc uderzeniem z byka jednego z rozdokazywanych ładowaczy, zauważył: widzi pan, młody człowieku, jak to bywa w restauracjach, kiedy trafi się na człowieka nieprzejednanego.

Nie kultywował żadnych obrzędów czy rytuałów, nie kreował się na nikogo, kogo mógłbym rozpoznać, nie służył żadnej idei, religii i, jak sądzę, nie miał żadnych pasji.

A mimo to w niemożliwym do ukrycia pochodzeniu ziemiańskim dostrzegałem nieznajomość tajemnych kodów i rytuałów, którymi ta sfera się po wojnie bezbłędnie rozpoznawała. Jakby jej nie zażył.

Nie wspominał nigdy rodziców, to jego pobyt w elitarnym chyrowskim kolegium jezuickim i tam złożona matura przywodziły na myśl, że jego ojciec mógł być szlachcicem od kilku pokoleń wysadzonym z siodła, utrzymującym się, jak wielu innych, z jakichś rolniczych administracji lub dzierżaw.

Chyrów, chciał inżynier czy nie chciał, dał mu nieosiągalne dla obecnych uniwersyteckich absolwentów przygotowanie humanistyczne, więc przy całej niechęci do literatury poruszał się po niej pewnie.

Na niegodziwość czasów impregnowały go pochodzenie, życiorys, słowiańska powierzchowność, nie-ukrywana antyrosyjskość.

Szykowany był, jak teraz myślę, na egzekutora, tak jak mój znakomity nauczyciel matematyki Poniatowski, Żyd absurdalnie zamotany w naszą miejscowość, szykowany był na ofiarę.

Wszystko w inżynierze musiało nacjonałom cholernie pasować, nawet ten Chyrów. Naturalnie gnoju tego jeszcze nie porozwożono, ale zapach już musiał dochodzić.

Bogu dzięki, nie miałem okazji tego sprawdzić w trzy lata później, ale bezkarność, z jakiej korzystał inżynier podczas swoich swawoli, nie brała się, jestem tego pewien, z jakiegokolwiek porozumienia z reżimem, ale z przekonania, że dobrze go będzie mieć po swojej stronie, gdy przyjdzie czas dintojry, a po nim ekumenicznych, partyzanckich ognisk, na które dowożono jałowcową spoza rozdzielnika, niepowtarzalną dewizową extra żytnią i radomskie sporty w dziesiątkach, o które w naszych stronach było trudno, a wraz z ich dymem po śródleśnych polanach snuła się długo wyczekiwana polskość.

Wiedząc to i tamto o jego konspiracyjnej przeszłości, której nie wspominał nawet po wódce, ale którą potwierdzali inni, wojny nie dzieliło nawet jedno pełne pokolenie, wspomniałem mu kiedyś o flagowej powieści Hemingwaya *Komu bije dzwon*, jak by ją oceniać, partyzanckiej.

Oddał mi książkę po miesiącu, mówiąc, że podobała mu się tylko inskrypcja Johna Donne'a: Przeto nigdy nie pytaj, komu bije dzwon, bije on tobie. Powiedział, że nie jest w stanie wyobrazić sobie żadnej partyzantki polskiej, hiszpańskiej, francuskiej, bałkańskiej, w której tak dużo i tak głupio by się gadało, zadawałoby się tyle pytań i uzyskiwało na nie tak wyczerpujące odpowiedzi, w której tak dobrze by się jadło, tak odpowiednio piło, byłoby się takim ogarniętym, schludnym i zachęcająco zdrowym i zażyło by się romansu jak z powieści.

Powiedział, że partyzanckie romanse nie trwały kwadransa, kobiety w oddziałach gwałcone były raczej niż miłowane, że długich tygodni bezczynności nie rozjaśniały rozmowy, że ponure milczenie, nieuprzejma dyskrecja, to była muzyka tych oddziałów, że pięści, wrzasku, podstępu i wszelkiej innej energii używało się do nieustannego ujarzmiania młodych mężczyzn, których skłonność do deprawacji zdumiewała nawet ostatecznie zdeprawowanych.

Że partyzantka, gdzie by nie wojowała, to przemoc nie wobec nieprzyjaciół, lecz wobec swoich, by zatrzymać ich przed granicą ostatecznego rozpasania i lepiej nie wspominać metod, po jakie w związku z tym sięgano.

Że w tej sytuacji wspominanie brudu, niemożliwego do zapomnienia odoru szałasów, odosobnionych chałup czy ziemianek, wszy, mend, reumatyzmów, tuberkułów, niekończących się przeziębień już nie ma sensu.

Powiedział, że zamknął powieść w jednej trzeciej, gdy doczołgał się do którejś tam rozmowy jankesa z Marią, której on nie poprowadziłby nawet w wiktoriańskim salonie, tak jest upozowana i wyprana z jakiegokolwiek erotycznego pomysłu.

Nie lepiej potraktowana została debiutancka powieść pisarza *Słońce też wschodzi*.

– Czym oni są tacy przygnębieni? – warknął inżynier. – W Ameryce, w Hiszpanii, w Paryżu, na Lazurowym Wybrzeżu? Czego im brakuje?

– *Lost generation* – odpowiedziałem.

– Co takiego?

– Stracone pokolenie.

Inżynier huknął drzwiami od kanciapy, aż się tynk posypał.

W kilka dni później, ciemnego jak noc, zadeszczonego, grudniowego poranka, wskazując świat za oknem, to pobojowisko po wszystkich nadziejach i oczekiwaniach, dodał:

– A my jesteśmy kontenci.

3

W Sobieszowie koło Jeleniej Góry, dwutysięcznym miasteczku albo wsi, tego nigdy nie doszedłem, przez

którą prowadziły dwie linie tramwajowe, najperyfer-
niejsze uliczki były wyasfaltowane, ścieżki wysypane
żwirem i obsadzone bukszpanem, po murach pięła
się winna latorośl, domy chroniły metalowe parka-
ny, cieszyliśmy się kanalizacją, wodociągami, gazem
i naturalnie elektrycznością, a do końca lat czterdziestych waterklozetami, nim gazety nie pozatykały ich
na beton, dwa potężne i odwieczne żywioły toczyły
ze sobą bój na wykończenie, niemieckie rozpasanie
cywilizacyjne z polską skłonnością do abstrahowania
od tej fanaberii.

Naród brał górę, ale, z ręką na sercu, łatwo mu nie
szło. Wspomniane waterklozety i łazienki, włącznie
z tymi w naszym domu, padły po trzech latach mniej
więcej, winna latorośl po pięciu, gaz wymiękał ulicami na rzecz kuchni węglowych, tramwaje trzymały
się jednak do połowy lat sześćdziesiątych, tak uparte
były w swej technicznej niezawodności, a bukszpan,
skurwysyn, słyszałem, trzyma się jeszcze do dzisiaj.

Ale poza wspomnianym zasadniczym podziałem,
wszystko inne też przeczyło sobie wzajemnie, a relacja
między dwoma knajpami odległymi od siebie kilkaset
metrów dobrze to charakteryzuje.

Pierwsza dopiero co znacjonalizowana „Pod Minogą", w jakiej kołatał się jeszcze duch pana Brolika,
lwowskiego kucharza i restauratora, któremu przez
najciemniejsze lata pięćdziesiąte udawało się prowadzić kilkustolikowy, rasowy lokal specjalizujący się

17

w rybach stawowych, jeziornych i rzecznych, i gospoda „Nad Wrzosówką", którą mieliśmy przez ulicę od naszej samochodowej bazy.

Jak się chciało zjeść, chodziło się do „Minogi", jak wypić, pogadać, pohałasować i czyhać na jakąś awanturę, to do gospody.

Nie muszę wspominać, że szoferowie, ich pomocnicy, ładowacze, mechanicy z bazy samochodowej, wybierali tę drugą.

Poza zimnymi nóżkami w occie nic tam nigdy do jedzenia nie było, ale wódki ile dusza zapragnie.

„Pod Minogą" jadałem czasami obiady, znakomite i za grosze, do gospody zaglądałem wyłącznie w celach towarzyskich, szczególnie latem, gdy otwierano taras, pod którym w głębokim kamiennym ocembrowaniu pieniła się wiecznie podirytowana Wrzosówka z baraszkującymi między kamieniami pstrągami.

Lato 1964 roku, w przeciwieństwie do lata ubiegłego, było normalne, to znaczy chłodne, deszczowe, krótkie, i takie też było sobotnie popołudnie, w którym inżynier Jan biesiadował przy narożnym prestiżowym stole w towarzystwie, jak zwykle, ludu.

Bo innego nie uznawał. Gustował w ludziach nieskomplikowanych, wolnych od duchowych rozterek, wewnętrznie pustych, którymi jednocześnie głęboko i ostentacyjnie pogardzał.

Ale im bardziej pogardzał, tym więcej do niego

lgnęli, i nie znałem nikogo, kto cieszyłby się wśród nich podobnym szacunkiem.

Kilka lat wcześniej inżynier zniecierpliwiony niemrawością załogi świeżo postawionego na nogi studebackera, który zgodnie z planem wykonać miał dwa kursy z papierówką do tartaku, wskoczył do wyllisa, odnalazł w górach auto załadowane ledwo w połowie, przepędził szofera i jego ładowacza, dopełnił auto klocami metr nad szoferkę, odwiózł drzewo do tartaku, z wyllisem przy burcie, a szofer i jego człowiek wrócili piechotą na drugi dzień, by się dowiedzieć, że zostali zwolnieni ze skutkiem natychmiastowym.

Tę bezwzględność przyjęto w bazie ze zrozumieniem, bo były to czasy i miejsce, kiedy brutalność, jeżeli tylko nietknięta niesprawiedliwością, była w cenie.

Nie wierzyłem tej historii, bo załadowanie samemu studebackera lub każdej innej ciężarówki, nie było możliwe, podobnie jak zwiezienie przy burcie wyllisa wąską, górską drogą, ale jednocześnie jej wierzyłem, bo opisywała estymę, jaką cieszyła się każda urzeczywistniona lub potencjalna dzielność.

– Niechże pozwoli pan sobie postawić herbatę, panie Stachu, i siądzie przy nas na moment – zaproponował inżynier. – Opowiedziałem chłopcom o Hemingwayu i pańskich ulubionych *Zielonych wzgórzach Afryki*, tych opowieściach o zabijaniu, i jesteśmy zdania, że mężczyznę nie spotka nic bardziej pociągającego niż zabijanie innych mężczyzn lub, z braku laku, dzikich, wolnych zwierząt, tyle tylko, że z tą fascynacją nie ma co się tak obnosić. Poza własnym zadowoleniem, do którego bym się publicznie nie przyznał, nic innego z tego nie wynika.

Spojrzał inżynier na starszego z braci Pazganów, którzy mieli męczący zwyczaj rozpędzania wesel, gdy one się już na dobre rozkręciły, tak że od kilku lat żadne z nich w okolicy nie dotrwało świtu, na Ludwika Horanina, któremu, ile by wypił w robocie czy poza nią, powierzyć można było na ślepo trudną w tych czasach regulację pompy wtryskowej, na przewalającego się po gospodzie dwumetrowego Mariana Pawłowskiego, zwanego „Marian Jeden Cios", gdyż nigdy nie musiał kończyć drugim, i na brygadzistę Rzepczyńskiego, trzydziestokilkuletniego mężczyznę o figurze i usposobieniu chłopca, w kilka tygodni później rozjechanego na śmierć przez świerkową dłużycę, w którym było coś zniewalająco polskiego, romantycznego, w najlepszym tego słowa znaczeniu powstańczego i którego przed nieposłuszeństwem szoferów chroniła młodzieńcza zapalczywość, a oni brali ją za bliską im, więc akceptowalną, arogancję.

Odpowiedziałem inżynierowi i jego kompanom, że mam jak zwykle odmienne zdanie, ale to nie była prawda, bo zdałem sobie sprawę, w pół drogi między knajpianym interiorem a stołem, że jeśli idzie o *Zielo-*

ne wzgórza Afryki, to wobec idei tej książki wszystko się we mnie zaczęło właśnie buntować.

Zbuntowany wobec własnego buntu powiedziałem coś o Hemingwayowskiej filozofii istnienia, którą pojąć można, gdy przeczyta się więcej jego rzeczy niż trzy, gdyż każda następna potwierdza przypuszczenie, że pisarz coś dla nas, mężczyzn, zrobił, co wcale nie jest oczywiste, a mówiąc najogólniej, odkrył prawdę, że żyć można albo niebezpiecznie, albo w ogóle, bo inaczej nie można.

Usłyszeli to czterej ludzie, którzy z niebezpieczeństw uczynili sobie zawód, którzy z niebezpieczeństw utrzymywali siebie i swoje rodziny, którzy ani w czasie pracy, ani w czasie odpoczynku nie stykali się z niczym, co by nie było niebezpieczne.

Przemknął koło nas Królik, mający zwyczaj dosiadania się do przepełnionych stołów, co tolerowano ze względu na jego hojność.

Był zawziętym na robotę ładowaczem, skutecznie przekonanym przeze mnie, że gdyby nosił inne nazwisko, tyle bachorów by mu się nie przytrafiło, nie miał jeszcze trzydziestki, a dzieci od cholery.

Nazwisko Królikowski przed następnym wysypem go nie uchroniło, ale mógł sobie przynajmniej powiedzieć, że co było do uczynienia w tej sprawie, uczynił.

Znany z przyznawania racji każdej większości, stwierdził, że pan inżynier się nie myli, jeśli chodzi o tego pisarza, a ja mu odpowiedziałem, że gówno prawda, i pociągnąłem dalej te dyrdymały, które zapamiętać musiałem z jakichś przedmów, przypisów, może recenzji.

Wspomniałem o walce z wrogiem, czym lub kim on by był, pojętej jako egzamin z honoru, poświęcenia, męstwa i wyraziłem pochwałę wszelkiego ryzyka. O tyle było to niestosowne, że przez trzy lata pracy w firmie ani razu nie uczestniczyłem w zrywce drzewa, ładowaniu papierówki lub wciąganiu na linach półtoratonowych świerkowych dłużyc, wszystko znałem wyłącznie z opowieści i mimo że zalety i wady każdego z jedenastu samochodów wbite były w moją pamięć jak tabliczka mnożenia, nie zdarzyło się, bym tę wiedzę kiedykolwiek zweryfikował w praktyce.

Poza wyjątkami moja skłonność do ryzyka, wszelkiego ryzyka, ograniczała się do ryzyka jego niepodejmowania.

Nie mógł spodobać się inżynierowi mój wywód.

Wcześniej już zastanawiałem się, na ile chroni mnie przed jego dezaprobatą moja półinteligenckość, ziemiańskie pochodzenie, tradycja, na której wdzięki nabieramy się za często, ale nie bez przyjemności, wojenne dzieje mężczyzn z mojej rodziny, los mego ojca, żołnierza AK, rozstrzelanego przez gestapo na Nowosądecczyźnie przed moim urodzeniem, mój status partyzanckiego pogrobowca.

I tego sobotniego popołudnia przy pozalewanym piwem i wódką laminowanym stole, w rozdokazywanej gospodzie, odniosłem wrażenie, że ochrona się właśnie skończyła.

Inżynier Jan poczerwieniał, jego kształtnie sklepioną, łysą czaszkę porysowały żyły jak powrozy, a wargi wykrzywił paskudny, nieprzytomny uśmiech.

W otwartym starciu inżynier nie sprostałby wspomnianemu Marianowi Pawłowskiemu, Bazylemu Pazganowi czy kwadratowemu Jasiowi Gambalowi, nie chwaląc się, i ja nie byłbym bez szansy, gdybym na serio użył swego wzrostu, wysportowania i młodości, ale inżynier był w swym gwałcie nieprzewidywalny, podstępny, łobuzerski. Rozporządzał przewagą zbója nad każdym chojrakiem, zawadiaką, gigantem, dlatego z drogi schodzili mu nawet ci, którzy nie musieli.

Nie należałem do nich i nie było już gdzie umknąć. Można było tylko niebezpieczeństwu wyjść naprzeciw lub spieprzać. Nie zaskoczę nikogo, jeżeli powiem, że wybrałem to drugie.

Rozprowadziłem napięcie, ogłaszając więcej niż ostentacyjnie, że to się zmieni, a nie widząc śladu pojednania w wypłowiałych oczach inżyniera, dodałem, że mój stosunek do Hemingwaya radykalnie się zmieni.

Inżynier zapytał kiedy, a ja odpowiedziałem, że kiedy dorosnę, z takim przekonaniem, by nikt nie miał wątpliwości, że gówniarz ze mnie póki co, pętak i branie mnie na serio to strata czasu.

Dwadzieścia lat miałem prawie, metr dziewięćdziesiąt wzrostu i nie wiem, do czego miałbym niby jeszcze dorastać, ale moja nieufność wobec samego siebie musiała być na tyle przekonywająca, że inżynier odpuścił.

Tego popołudnia, które musiało być deszczowe, niezmiennie podszyte chłodną wilgocią, którą tak lubią świerki, inżynier Jan zapytał, czy może mi postawić coś jeszcze poza herbatą, dając do zrozumienia, że akceptuje honorowe wyjście z naszego sporu, jak by nie dostrzegł momentu mojej trwogi, gdy poczuł się dotknięty i sprawy stanęły na ostrzu noża.

4

Hemingway nie jest już moim idolem. Od lat nie zaglądam do jego książek, a jak zaglądam, to odkładam, a jak nie odkładam, to zapominam.

Od lat nie ma już mi nic do zaproponowania, może od tego popołudnia, w którym dałem słowo honoru, że z niego wyrosnę.

A to zobowiązuje.

Jakby mi jednak spowszedniał, jakby mnie nudził lub w niezamierzony sposób rozśmieszał, irytował swoim prostactwem albo wręcz chłopięcą głupotą – jedno doceniam.

Wiedział, o czym pisze.

Chciał poznać, jak rwie posieczone ciało, to zakosztował szrapnela pod Fossaltą, z dwustoma bliznami i platynową płytką w kolanie na pamiątkę, chciał poznać, co to znaczy stracić nagle wojennych kumpli, więc asystował tym stratom w amerykańskich kolumnach sanitarnych podczas kampanii włoskiej, chciał wiedzieć, kim jest niedostrzelony, półtonowy afrykański bawół, to polował w Kenii, co znaczy być kochanym, podziwianym, celebrowanym, zdradzanym, porzucanym, więc nie żałował sobie przyjaciółek, kochanek, żon. Wiedzieć chciał, czym jest pijaństwo, i pilnie się przez całe życie tego dowiadywał, podobnie jak tego, czym są przestworza, gdy latał ryzykownie nad wschodnią Afryką i okupowaną Francją.

Wreszcie doświadczyć chciał nagłej, męskiej, całe życie wyczekiwanej śmierci, więc młodszy niż ja teraz, zamożny, wyniesiony przez sławę ponad Olimp, włożył sobie w usta dryling, sztucer lub strzelbę i nacisnął spust. (Problem, czy samobójstwo jest aktem odwagi, czy nie jest, staje tylko przed tymi, którzy się nie zabili, jak słusznie zauważył ojciec pisarza André Malraux, nim sam się powiesił).

Życie nie gra z nami fair, więc tego najważniejszego doświadczenia Hemingway już nam nie przedstawił. Nie muszę dodawać, jak bardzo tego żałuję.

I chociaż nie zapomnę mu nigdy, że nie wiedział, czym jest koniec byka na arenie, a wcześniej jego przerażenie, otumanienie, wykrwawienie, a potem ostateczne naparcie na szpadę matadora, by zakończyć udrękę, upokorzenie, byczy wstyd i chociaż nie zapomnę mu nigdy, że z arenowej tragedii z uporem wyłączał konie pikadorów, dla których nie miał krztyny współczucia, jednego dobrego słowa, najdyskretniejszej łzy, które nazywał chabetami godnymi rzeźni a ich porozpruwane brzuchy z lejącymi się na piasek flakami w najlepszym razie budziły w nim estetyczny dyskomfort, że rozstrzeliwany na raty lew z opowiadania o życiu Franciszka Macombera budził w nim respekt, lecz nie żal, że nie zadrżała mu ręka, kiedy przeszył na wylot elanda desperacko chroniącego swoje stadko, nie zapomnę mu nawet koników polnych żywcem nawlekanych na haczyki, kiedy to skryty pod bohaterem *Rzeki dwóch serc* zasadzał się na pstrągi w Idaho, bo zbyt wiele poznał i zbyt wiele wycierpiał, bym mu tego, w ostatecznym rachunku, nie wybaczył.

Chciał poznać, by o tym napisać.

Mam wrażenie, że inżynier Jan, na miarę swoich możliwości, kierował się w życiu podobną ciekawością, by zachować to jednak wyłącznie dla siebie.

I nawet partyzantka, jak sądzę, nie tyle wzięła się z poczucia obowiązku wobec ojczyzny, ile z chęci zaspokojenia własnej ciekawości. Czym ona była wobec przemocy, jakiej świat dotychczas nie zaznał? Jaki stan lęku, smutku, nadaremności ona w nas utrwala lub z jakiej nadaremności nas wyprowadza? Który dreszcz powoduje w nas stan uniesienia nieporównanego z niczym innym? Jakie tony w nas zagrają, a jakie umilkną na zawsze? Gdzie nasza duma z nas samych, a gdzie upokorzenie? I czy można przegrać i zwyciężyć jednocześnie, czy pierwsze wyklucza, raz na zawsze, to drugie?

Trzymając się tego tropu, wiedzieć chciał, być może, do jakiej wyższości ma prawo ten, który skazany jest na niebezpieczeństwo, nad tym, który niebezpieczeństw, jak Hemingway, szuka. Do jakiej wyższości ma prawo człowiek złamany przez stalinowską tyranię w Polsce, bo nie ma wyboru, wobec tego, który z wyboru doświadcza republikańskiej przemocy w Hiszpanii lub okrucieństw jej Falangi?

A czym jest wymuszone pożegnanie z bronią wobec pożegnania dobrowolnego?

Do poczucia się o ile tragiczniejszym, więc lepszym, uprawnia nas ofiara – nieważne, na którym ołtarzu złożona – z własnego honoru? Stąd może pytanie, jakie zadał mi inżynier w przelocie, między rozmowami o niczym, czy tam, we Włoszech, to było na serio, wobec Verdun, Marny, Sommy, Ypres? Czy Hemingway nie zagrał męstwa na peryferii niebezpieczeństwa, i czy problem z tym pisarzem, który jest na ustach wszystkich, nie polega na tym, że w sprawach, za które go podziwiamy, trochę nas kiwa?

I czy w rachunku ostatecznym, nie słuszniej, w warunkach opresji, na którą nie mamy wpływu, zamienić dobre, czasami pożyteczne, czasami heroiczne życie w urągającą wszelkiemu rozsądkowi błazenadę, niż dobre, sławne, czasami heroiczne życie zamknąć dwoma gramami ołowiu, przez usta w mózg?

Z gorszej strony, chciał wiedzieć, co to oznacza zdemolować miejscowy posterunek MO, przy udziale trzech przypadkowych kompanów, i który lęk nam sekunduje, gdy oczekujemy kary, jaką nam za to wymierzą.

Schodząc jeszcze niżej, zamierzał dotrwać tej chwili, kiedy organizm mówi szlus i nie przyjmuje już żadnego kieliszka wódki, i odmawia wszelkiej w tym względzie współpracy, ale pijatyki, których nie brakowało, wyczerpywały się wcześniej. Zresztą często pamiętam go na ponurym rauszu, nigdy pijanego.

Gdyż we wszystkich swawolach inżyniera, których byłem świadkiem, o których mi opowiadano i których się mogę domyślić, które się jeszcze nie wydarzyły, bo były przed nim, nie było cienia radości, jakie tym przedsięwzięciom towarzyszą, tej nieujarzmionej, młodej zadzierzystości, tego chojrackiego naparcia na życie. Jego swawole były posępne jak próby Hemingwaya.

Co my o tym wszystkim wiemy, pytał inżynier.

Tylko to, czego sami doświadczyliśmy, odpowiadał mu pisarz.

Bo pewien jestem, że nie byli sobie obcy.

Jeden wiedział, co afirmuje, drugi, co odrzuca, i tym samym porozumienie między nimi nabrało tej goryczy, mimo całego zachwycenia światem, z której żaden z nich się nie wyzwolił.

Byli też dla siebie ważni, bo odrzucenie inżyniera Jana ważniejsze było niż moja akceptacja czy akceptacja mojego klanu, z którym kontaktowałem się po robocie, by nie zdać się na jeden krąg.

Było ważniejsze niż adoracja tych wszystkich, którzy z zajmowania się życiem i twórczością pisarza zrobili sobie zajęcie.

Było ważniejsze niż zainteresowanie tych, którzy na jeden, kanoniczny sposób wspominali pisarza, dając nam do zrozumienia, że od tej pamięci coś zależy.

Było ważniejsze niż komplementy zaprzyjaźnionego z nim Joyce'a, tej irlandzkiej glisty, który doszedł do przekonania, że skoro literatura potrafi zachwycić, wzruszyć, olśnić, nawet wynieść, to potrafi też zamordować, i napisał *Ulissesa*, były ważniejsze niż dobre słowa Gertrudy Stein, wyglądającej tak, mniej więcej, jak miała na imię.

Nawet uznanie rozkosznego, bez ironii, rozkosznego Scotta Fitzgeralda mniej ważne było niż sprzeciw inżyniera Jana.

Bo który opis, czyj dialog, jaka metafora, impresja, puenta, był im przeznaczony? Co Hemingway miał im, w istocie, do powiedzenia? A co do powiedzenia miał Włodkowi, Staszkowi, Annie, Marcie, Karolowi, mojej wakacyjnej, popołudniowej, studenckiej paczce, która miała mnie za swego, bo przekonałem ich kłamliwie, że moje niestudiowanie to nie wybór, lecz konieczność.

Co pisarz chciał powiedzieć młodym ortodoksom, dla których komplement pod adresem każdego innego pisarza był świętokradztwem? Jaki udział w jego niekwestionowanej dzielności miała ta rzeka akolitów, płynąca niczym gorączka przez domy, rodziny, uczelnie, miasta, kraje, kontynenty, literackie żurnale, konfraternie, szkoły, salony, nad którą pisarz stawać musiał w zadumie, bez wędki tym razem, bo poza entuzjazmem, który ze sobą niosła, jałowiała z roku na rok.

Czy na przeciwnym brzegu zauważał człowieka równie samotnego, wyróżnionego tym wspólnym rodzajem ciała, które skazuje ich posiadaczy na brutalność, naznacza, chcą czy nie chcą, przemocą.

Bo jeżeli zauważył, to mam dla niego dobrą wiadomość.

Kiedy siedzieliśmy wspomnianego, wrześniowego wieczoru na werandzie naszego domu, grzejąc dłonie gorącą herbatą, a od góry Kynast ciągnęło lodowatym chłodem, inżynier Jan poinformował nas, że podczas okupacji w Generalnej Guberni, w jednym z lokali, jednego z miast, podano mu do sandacza, zimnego, białego lansona, którego już sobie wcześniej upatrzył.

Godzinę wcześniej wyprowadziłem go z tego, co zostało z celi zatrzymań na miejscowym posterunku MO.

Nie wiem, dlaczego trzech młodych funkcjonariuszy stanowiących załogę tego urzędu nabrało podejrzenia, że inżynier zechce się u nich zasiedzieć, i nie kryli zadowolenia, kiedy przyszedłem go zabrać.

Po takich emocjach człowiek potrzebuje spokoju, ciszy, by nie rzec, śmiertelnej ciszy, i na taką ciszę zaprosiłem go na werandę naszego domu, który stał na uboczu, a górujący nad nim Kynast każdą ciszę czynił patetyczną.

Ciemno już było zupełnie, gdy odezwała się osamotniona wilga, która nie miała szansy przeżyć naszej zimy.

Słuchaliśmy jej całą trójką z uwagą i mieliśmy wrażenie, że jest jeszcze ciszej.

Zastanawiałem się, czemu inżynier wspomniał o lansonie i czym on jest. Sądząc po jedzeniu, jakie kazał sobie podać, rzadkim winem. Ale à propos jakiej sytuacji nam o tym powiedział? À propos makaronu z serem i skwarkami?

Moja babka zapytała o wilgę, a inżynier odrzekł, że dożyje pierwszych mrozów w listopadzie, skoro nie zabrała się z koleżankami na południe. Pewien jednak jestem, że nie myślał o wildze ani jej nie żałował.

Wszystko tego wieczoru było dla mnie ważne.

Koniec pierwszej młodości, nagły wrześniowy chłód, który od tego czasu tak lubię, bo po długiej przerwie pali się pierwszy ogień w kominku, herbata Ulung z malinową konfiturą, przytomność mojej babki, złudzenie męskości i ta osamotniona wilga, zatrzymana raz na zawsze we wszystkich moich literackich próbach, kiedy staram się opisać wczesną jesień.

5

Dwadzieścia lat później sam zostałem pisarzem.

Niektóre moje nadzieje związane z tym zajęciem się ziściły, większość nie.

Burzliwe wieczory spędzane w modnych knajpach zdarzyły mi się dwa. Podróże literackie nie różniły się niczym od nieliterackich. Nie poznałem pensjonatów na Lazurowym Wybrzeżu, nie polowałem w Afryce, nie kosztowałem prostego jedzenia w oberżach Camargue ani wystawnego w paryskich hotelach.

Śródziemnomorska opalenizna zdarzała mi się wcześniej, a mój talent nie miał zdolności zwabiania kobiet.

Święty czas, w którym powstają moje scenariusze, opowiadania, powieści – nie ma ich zresztą wiele – kończy się w południe, ale nie zaczyna się nigdy o ósmej rano i raczej krótki jest niż święty.

Nie przypominam sobie, by to, co piszę, porywane było przez redakcje i wydawnictwa, i nie otrzymuję telegramów zza Oceanu ani skądkolwiek z pytaniem: czy już?

Nie zadaję sobie trudu, najmniejszego trudu, by tego, co opisuję, doświadczyć samemu, bo od tego mam wyobraźnię i intuicję i bardziej im wierzę, niż wierzyłbym doświadczeniu, gdybym, nie daj Bóg, został na nie skazany.

Dlatego jak ognia unikałem przywoływania w swoim pisaniu miejsc, ludzi, pejzaży, z którymi byłem związany.

I nie dlatego przywołuję inżyniera Jana, że chcę się pochwalić znajomością z niepowszednim człowiekiem, tylko dlatego, że nie potrafię myśleć o Hemingwayu, nie myśląc o inżynierze, i na odwrót. Nie są już ważni w moim życiu. Jeden i drugi przemknęli mimo, za to w latach, których się nie zapomina, w latach, które warto przeżyć i dla których się warto urodzić.

Kilka lat temu przeczytałem *Rajski ogród*, powieść, nad którą pisarz pracował od 1946 roku, przez piętnaście lat z przerwami, i której chyba nie dokończył. Rozrosła się, jak na Hemingwaya, do nieprawdopodobnych rozmiarów. Wydana w kilkadziesiąt lat po śmierci pisarza w bardzo skróconej wersji jest historią młodego człowieka rozpoczynającego obiecującą karierę literacką i dwóch pięknych i bogatych kobiet nim zainteresowanych.

Wśród wielu alkoholi, ogólnych i lokalnych, płynących przez Hemingwayowskie opowiadania i powieści, biały lanson pokazuje się trzykrotnie, ale tylko w *Rajskim ogrodzie*. Zamawia je do pokoju Dawid Bourne dla siebie i swojej młodej, pięknej, bogatej żony lub kochanki, rzecz bez znaczenia, bo obydwie są cholernie przyjemne, podobnie jak pensjonat, w którym figlują, letnia droga do Antibes, czerwony kabriolet, jakim się poruszają, jedzenie, które im smakuje, młodość, która im służy, długie, dobre życie przed nimi i wszystko inne, jak to w rajskim ogrodzie.

Skąd wytrawne, lekko musujące, lokalne wino z delty Rodanu miałoby się znaleźć w okupacyjnej knajpie i czemu inżynier Jan miałby je wybrać?

Czemu też niepytany pochwalił się taką znajomością? Czy może z okazji naszej rozmowy o przyjaźni pisarza z matadorami i wątpliwością inżyniera, co do jej autentyczności? I skąd o niej wiedział, skoro my wszyscy dowiedzieliśmy się piętnaście lat później ze *Śmierci po południu*? Skąd nazwiska lub pseudonimy torerów, których poza Hemingwayem nikt nie wspominał?

Czy po to, by mi uprzytomnić, że odrzuca coś, co zna gruntowniej, niż to, co ja afirmuję, do tego stopnia, że wie o trunkach i przyjaźniach, których pisarz światu jeszcze nie objawił? Że jego nieporozumienie z pisarzem jest nieporównywalnie ważniejsze od porozumienia mojego i mnie podobnych, bo w jego odrzuceniu nie ma nic powierzchownego, nonszalanckiego, zależnego i tego zimnego, wrześniowego wieczoru mnie o tym zawiadomił, kończąc pewien etap naszej znajomości.

Że najkrócej mówiąc, pętam się między nimi bez sensu. Bez żadnego sensu.

Bo od początku nie była to moja przestrzeń. Za dużo w niej zabijania, przemocy, egoizmu, purytańskiej męskości. Dałem się nabrać. Człowiek pamięta siebie i z mojej pamięci wynika, że, na szczęście, dałem się nabrać i wtedy, kiedy trzeba, miałem rozkoszne złudzenie, że należę do prostego świata twardych mężczyzn, podszytego seksownym tragizmem.

Nie żałuję, że z powodu, który już zapomniałem, nie podsunąłem inżynierowi najlepszego Hemingwayowskiego opowiadania *Śnieżny szlak*, w którym na czterech stronach jest wszystko co najważniejsze, więc całe, absolutnie całe, młode życie, bo domyślam się, że inżynier Jan znał je przede mną.

Że nie namówiłem go na *Zapaśnika*, bo o Adzie Francisie, kolejowym włóczędze, a w młodości sławnym sportowcu, wiedział więcej niż ktokolwiek z nas. Że marlin obżarty przez rekiny do gołej kości ze *Starego człowieka i morza* to nie ryba, lecz symbol każdego przegranego, lecz niezwyciężonego życia. I wreszcie nie żałuję, że nie dałem mu do przeczytania *Śniegów Kilimandżaro*, bo inżynier domyślał się, czego mógł szukać lampart na tej najwyższej w Afryce górze.

Nie ma znaczenia mój stosunek do nich obydwu, kiedy jeszcze żyli, i moja pamięć o nich, gdy już ich nie ma, bo nie byłem, jak sądzę, między nimi nawet posłańcem. Ale fakt, że obydwaj równocześnie sekundowali mojej najpierwszej, więc najważniejszej młodości, pochlebia mi jak mało co i jest łaską, na którą musiałem zasłużyć.

Wielki pisarz, jego krnąbrny, ostrożny, suwerenny czytelnik i ten trzeci, który im się przypatruje. Co jest większego?

ARINA TIMOFIEJEWNA

1

Nic o Rosji się nie wie, żeby ją zjechać wzdłuż i wszerz, jak nie sięgnie się po jej literaturę, bo Rosja jest cała w literaturze, a Szwajcaria, na przykład, nie.

A z literatury rosyjskiej nie sposób nie znać obydwu Tołstojów, Czechowa, Dostojewskiego, Gogola, Iwana Bunina, bez względu na opinię o genezie *Cichego Donu* i jego autorze, nie można tej powieści nie przeczytać, tak jak *Armii Konnej* Babla czy *Opowiadań kołymskich* Szałamowa.

A po Turgieniewa można nie sięgnąć. I o literaturze rosyjskiej można coś sądzić z Turgieniewem i bez niego.

Bywają wspaniali pisarze, których mogłoby nie być, i tacy, których absencja nie jest możliwa.

Gdyby Czechow się nie urodził, to by go Rosjanie wymyślili, kto by tam wymyślał Turgieniewa.

Jest, to dobrze. Nie ma go – żyć też można. A jak żyć bez Gogola?

Iwan Turgieniew, pisarz oględny, roztropny, niechętny wszelkim intelektualnym ekstremizmom, niesterroryzowany przez żadną ideę, nikogo nieudający, nikim niepodszyty, wolny od jakiejkolwiek fizycznej czy umysłowej dysfunkcji, niepokonany przez żaden nałóg czy fantasmagorię, bezwzględnie zdrowy i raczej zamożny, był twórcą, któremu nie ma co wybaczyć, a tego się w Rosji nie lubi.

Poza wszystkim, w takiej nienagannej konstrukcji nie może się zaląc prawdziwy, niepodległy talent, bo ten wybiera chorobę nie zdrowie, nie obywa się bez wódki, żywi się występkiem, stąpa krok w krok za szaleństwem.

Tak czy owak, gdzie Turgieniewowi do monumentalnego Tołstoja, psychopatycznego Dostojewskiego, na pół obłąkanego Gogola, który do tego obudził się w trumnie po swoim pogrzebie, Czechowa pochłoniętego w młodości przez gruźlicę i melancholię, zdyskredytowanego zażyłością ze Stalinem Aleksego Tołstoja, tragicznego Babla, na śmierć zapitego Wieniedikta Jerofiejewa, Maksymowa pędzonego jak nie pogardą, to nienawiścią do wszystkich i wszystkiego, zdegradowanego moralnie do dna Szołochowa.

To są pisarze, nic im nie było obce, niczego im życie nie oszczędziło, solidarnie, w dobrym i złym, podzielili los braci Rosjan.

I nawet jeżeli przez los wywyższeni anielską wręcz pięknością, jak Błok, czy niesłowiańskim fartem, mimo zamętów historii, jak Bunin, to z głębokim przekonaniem, że wypadałoby się nieco poniżyć.

Nic takiego do głowy Turgieniewowi by nie przyszło, tak jak do głowy by mu nie przyszło ukrywać swój okcydentalizm i swoją ochotę do spędzania życia raczej poza ojczyzną, a to w Rosji carskiej, bolszewickiej, komunistycznej czy putinowskiej grzech, piszę to najzupełniej serio, śmiertelny, na którego odpuszczenie pokuty jeszcze nie wymyślono.

2

Ci, którzy Turgieniewa znają, niech spróbują wyobrazić go sobie bez *Ojców i dzieci, Rudina, Miesiąca na wsi, Szlacheckiego gniazda*. Co tu sobie wyobrażać, nie ma pisarza. A bez *Zapisków myśliwego* czemu nie.

A skoro już pójdziemy tym tropem, spróbujmy sobie przedstawić ten zbiór opowiadań niekoniecznie myśliwskich, bez *Bieżyńskiej łąki*, coś się traci, ale przecież nie na zawsze, bez *Śpiewaków*, rzecz na swój sposób fascynująca, ale Twain jakby się przyłożył, też by ją machnął, bez dwóch opowiadań o Czertopchanowie prawie niemożliwe, lecz z drugiej strony ja tego gościa znam, on mi pachnie całą czeredą rosyjskich zatraceńców, których nie brakowało ani w literaturze, ani w życiu.

A ta jego femme fatale, naturalnie krew z krwi,

kość z kości, kobieta rosyjska, ale czy my jej nie słyszeliśmy już w romansach? Czy nie ona prosiła woźnicę, by nie poganiał koni? (*jamszczik, nie gani łoszadiej*). A czy ona nie z „Jaru", do którego panowie oficerowie i nie oficerowie przyjeżdżali zabawić się z Cyganami, pośpiewać, popłakać, rozsmucić się rozkosznie, a jak przyjdzie fantazja, to w łeb sobie strzelić?

Czy ja jej nie widziałem wśród tłumu kobiet, które bez żadnego interesu, w przeciwieństwie do junkrów, kadetów, białych kozaków, ściągnęły jesienią 1919 roku do Odessy?

Czy ja jej po prostu, szelmy, nie znam na wylot?

A Ariny Timofiejewnej z opowiadania *Jermołaj i młynarka* nie znam, a mówiąc ściślej, nie znałem.

3

Jak się myśli o Rosji, myśli się o przestrzeni, lecz nie w letnim skwarze, gorączce, upale, pylistej suszy, jeżeli już, to w śniegu i mrozie.

A tymczasem Rosję centralną o obszarze równym połowie Europy, z guberniami wielkości Belgii i Holandii razem wziętych, ściskają kleszcze kontynentalnego wyżu, niosącego ze sobą od maja do września skwar, jaki trudno sobie wyobrazić, i bezwietrzne, ciche noce z rześkimi, co nie znaczy chłodnymi porankami. I *Zapiski myśliwego* są o takiej Rosji, orłowskiej, kałuskiej, bołchowskiej z dwoma guberniami stepowymi aż za Kursk.

Matecznik rosyjskiego ziemiaństwa.

Rzecz dzieje się w połowie XIX wieku, a więc w czasach, kiedy świat nie był lepszy od naszego, ale miał ręce i nogi, przód i tył, to znaczy każda rzecz miała swoją przynależność, większość wypadków była przewidywalna, relacje między ludźmi, sprawami, żywiołami proporcjonalne do ich znaczeń, a więc lata były upalne, a zimy siarczyste.

To były też dobre lata dla Rosji, która puszyła się jeszcze zwycięstwem nad Bonapartem, więc Europą, bogaciła się wręcz nieprzyzwoicie, ludzie krzepcy byli i pełni energii, samodzierżawie bezdyskusyjne, lecz nie dokuczliwe, a młodzież niezarażona jeszcze dekadenckimi ideami, które w pół wieku później zaowocowały rewolucją 1905 roku.

Ale póki co, mamy późną wiosnę gdzieś między Kaługą a Orłem.

Narrator, alter ego pisarza być może, włóczy się raczej, niż poluje, po okolicy wraz ze swym strzelcem Jermołajem i jego psem Waletem już od kilku dobrych lat.

Tu zapolują na kaczki, tam na bekasy, ale głównie chłoną świat. Zdrowie im dopisuje, starość jeszcze nie mrozi, wymagań nie mają przesadnych. Pan to szlachcic pełną gębą, grzeczny, rozmowny, Jermołaj wolny chłop, trzymany za pysk i na dystans, do zniesienia o psie powiedzieć można tyle, że odznacza się wręcz kocią dyskrecją.

Obydwóm myśliwym towarzyszy wielkie zadowolenie z życia, co by po drodze nie mijali. A mijają, obok całej piękności świata, biedę, choroby, śmierci, bankructwa, dziwactwa, niesprawiedliwości losu, szaleństwa, lecz żadna z okoliczności zewnętrznych nie jest w stanie wytrącić ich z niepohamowanego apetytu na życie.

Bo *Zapiski myśliwego* to rzecz o zdrowiu, mocy, namiętności, męskich pasjach i wielkiej urodzie chwil.

Ale bez krztyny, jakże mogłoby być inaczej w przypadku pisarza najmądrzejszego, optymizmu.

Autor nie przekonuje nas, że jeżeli jest źle, to będzie dobrze, odwrotnie, nie pozostawia wątpliwości, że wszystko skończy się jak najgorzej. On tylko nas prosi, że nim to się stanie, pozachwycajmy się, z nim lub bez niego, urodą życia i świata, nawet jeżeli jest tylko mgnieniem.

I my tę urodę, apetyt, zadowolenie dzielimy razem z myśliwymi, jeżeli zabieramy się z nimi na wędrówkę.

Ja się zabrałem jeszcze w latach, które mi służyły.

Męczył mnie upał na pylistej, polnej, zdawało się, nieskończonej drodze i orzeźwiał chłód dębowego lasu, wyrastającego ni z tego, ni z owego za zakrętem. Przechodziłem w bród rzeki, zanurzałem się w stepowych trawach, kosztowałem kartofli pieczonych na ugorach, trząsłem się na wybojach w bryczkach, tarantasach, linijkach. Doświadczałem tych rozkosznych chwil, gdy z siarczystego mrozu wchodzi się do dworskiego saloniku z rozpalonym kaflowym piecem i nim człowiek rozglądnie się, ochłonie, przywita, spieszą z dymiącym kulebiakiem i stakankiem zimnej, lecz nie przemrożonej wódki, i nim nie poproszą do stołu w rozmowie o niczym, bo tylko takie są coś warte, która przychodzi nam zdumiewająco łatwo, czujemy się jak w niebie.

A to dopiero przedsmak przyjemności, jakie nam zgotowano, bo jesteśmy przed obiadem, przed fetami, przed kawą i likierem i co najważniejsze, przed kartami, ma się rozumieć, ćwierć kopiejki za punkt, i przed tym, co w młodości i wieku średnim najmilsze, zaciekawionym spojrzeniem jakiejś panny, której się podobamy, z którą się naturalnie nie ożenimy, którą naturalnie nazajutrz zapomnimy, bo w innym powiecie, innym dworze będzie inna panna i inaczej jej będzie na imię.

A przed północą w lodowatej, nieogrzewanej oficynie nakryci po czubek głowy trzema wojłokami opieramy się atakującemu nas snowi, by powyobrażać sobie zapach kawy, jaką nas przed odjazdem poczęstują, kruchość zapieczonej na żółto śmietanki i smak pierwszego papierosa.

Tak też jest w opowiadaniu *Jermołaj i młynarka*.

Ale nie do końca. Zaczyna się od wielkiego, wspólnego zadowolenia, kiedy ze strzelbami pod pachą siadamy na „ciągu".

Wiosna, las tuż przed zachodem słońca. Światło wygasa, najpierw widzimy wszystko jak na dłoni, a potem w konturach, zapach gwałtownie wilgotnieje. „Ptaki zasypiają gatunkami". I las milczy.

„Serce wasze męczy niepokój oczekiwania i nagle – zrozumieją mnie tylko myśliwi – nagle w głębokiej ciszy rozlega się osobliwe chrapanie i syczenie, słychać miarowy łopot zwinnych skrzydeł i słonka, pięknie schyliwszy swój długi dziób, płynnym ruchem wylatuje zza ciemnej brzozy na spotkanie waszego strzału"*.

Żeby było jasne, nie mojego. Ze strzałem nie mam nic wspólnego i w tej historii drogi nasze się rozchodzą nie tylko ze względu na słonkę.

4

Noc w lesie nie musi być miła, trzeba gdzieś przycupnąć. Jermołaj zaproponował niedaleki młyn. Pokazał się parobek, zawołał gospodarza. Młynarz, mężczyzna wielki, brzuchaty, o byczym karku i dłoniach jak bochny chleba, najstraszniejszy rodzaj rosyjskiego chama, wolny chłop, który się dorobił, proponuje nocleg w chacie. Pan wybiera bróg nad rzeką, prosi

---

* przekład Jadwigi Dmochowskiej

o słomę, jedzenie, samowar. Zjawia się żona młynarza Arina Timofiejewna, już nie młoda jak na tamte czasy, tuż po trzydziestce, wysoka, szczupła, krucha, zgrabna ze śladami wielkiej urody na wschodniej twarzy.

Jermołaj ją zagaduje o to, o tamto, czy wódki by nie wyniosła, ogórków, kiszonych rydzów. Arina spełnia prośbę, a potem przysiada na wiązce słomy, opiera łokcie na kolanach, ujmuje twarz w dłonie i zastyga w smutku i wzniosłości. Zadaje pytania, odpowiada, jest spokojna, uprzejma, oględna, pogodzona z losem i ze sobą samą, absolutnie samotna wobec wsi, męża, młyna, Rosji i tych dwóch przypadkowych wędrowców, którzy o świcie odejdą.

Fakt, że rujnuje ją śmiertelna choroba, gruźlica chyba, jest bez znaczenia, bo ona i tak spisana jest na straty. Myśliwi zajdą do młyna za rok i jej już nie będzie. Młynarz pewno nie raz jeszcze porachuje jej kości, a jeżeli jej dolegliwość, czym by nie była, okaże się uciążliwa, to przepędzi.

Wiele lat temu w którymś z wywiadów powiedziałem, że bardziej wzrusza mnie pierwsza zmarszczka na twarzy pięknej kobiety niż wszystkie katastrofy narodowe razem wzięte. Z upływem lat zrewidowałem ten arogancki pogląd, lecz wspomnienie młynarki rodzi pokusę przywołania go raz jeszcze.

Bo tu chodzi o tę twarz i tę zmarszczkę.

Arina Timofiejewna należy do kobiet, co za różnica w życiu czy w literaturze, które wzbudzają wzruszenie i czułość przed pożądaniem, tym mocniej, że pisarz nam jej nie opowiedział, on ją tylko mistrzowsko, bo najprościej jak to możliwe, zaawizował. Dziewczyna przemyka wraz z rzecznym, nocnym oparem, zamknięta w kilkunastu pytaniach i odpowiedziach, w dwóch, trzech gestach, gorącym spojrzeniu, natychmiast powściągniętym żalu, jakimś urwanym wspomnieniu, na tyle jednak sugestywnych, by natura czuła ją zapamiętała, a tępa przeszła mimo.

Wieki mijają, a my nie mamy sposobu na tę cholerną nadaremność istnienia poza zapisywaniem jej we wszelkich możliwych wariantach. Ten wybrany przez Turgieniewa odpowiada mi jak mało który, bo lubię, kiedy o chorobach piszą zdrowi, o nieszczęściach szczęśliwi, o słabościach silni, a o przemijaniu – nieśmiertelni.

Północ już dochodziła. Pan i jego strzelec zagrzebali się w słomę i zapadli w głęboki, zdrowy, samolubny sen. Młynarz i parobek dawno już sobie poszli. Postanowiłem chwilę z Ariną Timofiejewną zostać.

Chwilę?

Nie mam skłonności do mitomanii na swój czy jakikolwiek inny temat, ale nie jestem wolny od podejrzenia, że Turgieniew napisał Arinę Timofiejewną dla mnie, wyróżniając mnie w ten sposób. Że jeśli tak się stało, to dlatego łatwo przyzwyczaja się człowiek do myśli, która mu schlebia, że mi do Ariny bliżej niż autorowi.

Słyszałem, jak choroba, w każdej umykającej chwili, zamienia wdzięk i urodę dziewczyny w inne piękno. Jak czyni postępy, lecz nie spustoszenia. Jak cel, który sobie wyznaczyła, nigdy nie zostanie przez nią osiągnięty, gdyż jest w dziewczynie doskonałość, do której choroba nie ma dostępu.

A jak nieodległy czas już nastąpi, dziewczyna, jak to z Rosjankami bywa, zamieni się w łąkę bieżyńską, lebiediańską, każdą inną, których nie opuści nigdy maj, czerwiec, lipiec.

Takie jest wobec ciebie, Arino Timofiejewna, moje postanowienie. Bo łączył nas pewien rodzaj zewnętrznej i wewnętrznej kruchości, dumnego osamotnienia, niewymuszonego przez żadne moce świata wyobcowania, bo byliśmy bytami subtelnymi, łatwymi i niemożliwymi jednocześnie do poranienia, bo jeśli w książkach znajdowaliśmy bratnie dusze, to znaczy dusze na wyłączność, to najmilsza Arina Timofiejewna właśnie nią była.

Życie podpowiedziało mi jednak, że do czasu.

5

Latem 1990 roku znalazłem się na Wołdze.

Sąsiednią kabinę na statku zajmował Rosjanin, specjalista od umocnień, śluz, wind wodnych, w podróży inspekcyjnej do Astrachania.

Nie wiem, na czym polegała ta inspekcja, gdyż specjalista przez dwa tygodnie rejsu ani razu nie wytrzeźwiał, choć muszę uczciwie przyznać, że się też nie upił.

Utrzymywał się w godnym pozazdroszczenia stanie równowagi między świadomością i nieświadomością, czyniąc z siebie interesującego rozmówcę na każdy temat.

Któregoś popołudnia na wysokości Syzrania zasiedliśmy w jego kabinie do kaukaskiego koniaku.

Dołączył do nas Tatar z Kazania, żyjący na Wołdze szeroko, choć nie wiadomo za co. Z wyjątkową atencją odnosił się do niego specjalista. Po pierwszej butelce rozmowa zeszła, jak to bywało, a już nie bywa wśród rosyjskich inteligentów i półinteligentów, na literaturę i jej bohaterki.

Pierwszą wywołaliśmy, jak mogłoby być inaczej, Nataszę Rostową, tuż za nią posągową Helenę Kuraginę, nieszczęsną Annę Kareninę, Nastazję Filipowną, nieprzewidywalną Aksinię z *Cichego Donu*, Buninowskie nimfetki – Lizawietki, a potem popłynęły już wraz z alkoholem Sonie, Iriny, Wieroczki, lecz nie bezładnie, ale z precyzyjną przynależnością do czasów, anegdot, mężczyzn, romansów, szczęść i nieszczęść.

Niektóre charakteryzowane przez moich kompanów krótko, dosadnie, ordynarnie, inne z nutą najwyższej poezji.

Ariny Timofiejewnej, ku memu zadowoleniu, żaden nie wywołał, więc na koniec ja to uczyniłem.

– Otczestwo, jeżeli łaska, powtórzyć możecie? – zwrócił się do mnie po dobrej chwili Tatar.

Nikt nigdy nie wymieniał Ariny, bo nikt o niej nie czytał, a jak czytał, to nie zapamiętał, a jak zapamiętał, to zapomniał. Odpowiedziałem więc bez obaw.

– Timofiejewna.

– Młynarka?

Wyszedłem na pokład. W Rosji cuchnęło już smutą, dlatego wyż kazański nad rzeką nie stanął. Od początku rejsu mieliśmy holenderską pogodę, wiatr, deszcz, przeszywające na wylot letnie zimno.

Zabawne i smutne, ale wyraźnie poczułem, jak w moich żyłach wraz z gruzińskim koniakiem krążyć zaczyna toksyna zazdrości, jak by zdradziła mnie kobieta z kości i krwi.

Nigdy już nie wróciłem do Ariny takiej, jaką dla mnie była. Od tego czerwcowego popołudnia stała się jedną z wielu znanych mi Rosjanek, jak Karenina, Rostowa, Raniewska, ważna, sugestywna, obecna, ale jedna z wielu.

Łapię się nawet na tym, że kiedy wracam do *Zapisków myśliwego*, to omijam opowiadanie *Jermołaj i młynarka*, jak omija się dom narzeczonej, którą, jak doniesiono nam po latach, dzieliliśmy z innymi.

DOKTOR RIEUX

1

„Trzecia część świata wymarła", jeżeli nawet to dokonane w średniowieczu obliczenie jest przesadzone, to dwie następujące po sobie epidemie dżumy, zwanej później czarną śmiercią, wyludniły Europę, a i świat pewno, w sposób nieznany dotychczas ludzkim dziejom.

Zaraza rozpoczęła swój ponury marsz w Messynie na Sycylii jesienią 1347 roku, przywleczona na statku z Lewantu, i do tego stopnia się rozzuchwaliła, że dotychczasowe sposoby obrony przed podobnymi zagrożeniami stały się nieskuteczne.

Dżuma dopadała nawet tych, którym powinno się udać przed nią zbiec, którzy ukryli się w odległych warowniach, lasach, jaskiniach i wszelkich innych pustkowiach, których przed zarazą chronić powinna młodość, dobre zdrowie, zamożność, cnotliwość i wszelka inna Boska przychylność.

Kiedy okazało się jednak, że zaraza, przynajmniej na początku, wybiera pięknych przed brzydkimi, szlachetnych przed pospolitymi, młodych przed starymi i, najogólniej mówiąc, lepszych przed gorszymi, mieszkańcy Europy godzić się zaczęli z myślą, że zderzyli się z opresją ponad własne wyobrażenie.

W dwóch strasznych razach, jakie choroba zadała narodom Europy, zbyt wiele było, w istocie, okrucieństwa pomieszanego z błazeńskim sarkazmem, by nie domyśleć się krwawego odwetu natury na tym coraz podlejszym mrowiu, którym była ludzkość.

Odwet był krwawy, bo choroba w obydwu swoich odmianach, dymienicznej lub płucnej, kończyła się zewnętrznymi lub wewnętrznymi krwotokami, a uzasadniony, bo gatunek zasłużył sobie na karę nie tylko wiekiem XIV, choć w dobrym i złym stał się on ukoronowaniem średniowiecza.

Kończyło się dziesięć wieków zuchwałych projektów, brawurowych awantur, wyniosłej i wzniosłej architektury, najsubtelniejszej myśli i niespotykanej już potem brzydoty, wszelkich możliwych zabobonów, przesądów, herezji i największej filozofii, rycerstwa zakutego razem ze swoim honorem w stalowych gorsetach i najgroźniejszej schizmy Kościoła rzymskiego.

Apokalipsą kończyło się dziesięć wieków ludzkiej młodości, bo średniowiecze, co by mu ciemnego nie przypisać, było zniewalająco młode w swej niewierze w to, że bywają rzeczy niemożliwe.

Z apokalipsą godzili się nawet ci, którzy rezerwowali ją sobie na ostateczniejsze rozstrzygnięcia.

I nawet jeżeli w apogeum zarazy dopatrzeć się było można jakiegoś śladu jej miłosierdzia, dżuma rozprawiała się ze swymi ofiarami coraz szybciej, oszczędzając im długich cierpień, to, jak sądzić należy, dlatego tylko, że impet przerósł jej zamiary, że przestała panować nad sobą samą, że łatwość, z jaką zabijała – lekarze marli podczas wizyt u pacjentów, rycerstwo w trakcie uczt, małżeństwa kładły się do łóżek zdrowe, by ostygnąć przed świtem – ją samą zadziwiła.

Gwałtowna śmierć nie była w tych czasach czymś wyjątkowym. Młoda ludzkość, skłonna do wszelkich awantur, nagły koniec wpisany miała w swój los.

Ale przeciwnik był znany.

Rozpasany feudał, lokalna najczęściej wojna, napad zbójców, nad którymi nikt nie panował, zły finał karczemnej zwady, nieurodzaj, wreszcie każda nieuleczalna choroba, a była ich większość, wszystko to miało moc zabijania, ale też nie pozbawiało szans na ostatnie namaszczenie, a nawet na spowiedź, o którą, gdzie by się to nie wydarzyło, nie było trudno.

W tych czasach był to przywilej ważny, powszechny, więc obligatoryjny.

Konieczność rozstania się z życiem bez dwóch fundamentalnych posług stawała się karą nie mniej niezasłużoną od samej śmierci.

Ludzie, ratując się więc przed wiecznym potępieniem, spowiadali i namaszczali siebie wzajemnie.

Ich desperacja była tak wielka, że prostytutki spowiadały z grzechów swoich umierających klientów.

To rozpaczliwe świętokradztwo tylko zwiększało trwogę i poczucie opuszczenia.

Bo nie tylko Bóg odwrócił się od ludzi, ale ludzie od siebie samych. Rodzice opuszczali dzieci, dzieci rodziców, suwereni swoich poddanych, księża wiernych, nawet zwierzęta uciekały od opiekunów, zapisano przypadki ucieczek z zagród całych stad bydła czy wycofywania się w mateczniki, aktywnych zwykle zimą, drapieżników.

Powyludniały się kwitnące miasta, potężne warownie, wpływowe klasztory, bitne armie przyszykowane do kolejnych, rozkosznych wojen.

Czarna śmierć zaskakiwała swe ofiary w chwilach wzniosłych, powszednich i intymnych, na udrękę umierania nakładając jeszcze wszelkie możliwe upokorzenia.

Doprawdy, nic nam nie zostało oszczędzone.

Niewielu potrafiłoby powymyślać okropieństwa, które dodane do dżumy zwiększyłyby jej grozę.

A jednak należy przyjąć, że zaraza zderzyła się ze społeczeństwem oswojonym ze śmiercią, czy swe jady wstrzykiwała w ciepłych miastach Italii, lodowatych i wiecznie wilgotnych równinach Niemiec, skutej lodem Skandynawii, bulgoczących bagnami Wyspach Brytyjskich czy bezbrzeżach Rosji.

Wszędzie tam śmierć stanowiła część ludzkiego losu.

Mogłaby być mniej dramatyczna a jednocześnie mniej odrażająca, mogłoby jej towarzyszyć mniej bólu, smrodu, uryny, ropy i wszelkich ludzkich ekskrementów, mniej tej całej człowieczej dosłowności, ale sama w sobie nie była zjawiskiem wstydliwym, czymś, co przytrafia się tylko innym, w co nie będziemy nigdy zamieszani.

Średniowiecze wraz ze swoim schyłkiem było do umierania. I niech nikogo nie zmyli jego energia, apetyt na przygody, odkrycia i skłonność do wszelkiej konfabulacji na swój temat.

Fakt, że mieszkańcy tego wieku, jak i dziewięciu poprzednich, podejrzewali od czasu do czasu istnienie czegoś innego, nie decydował o zgodzie na własne przemijanie, ale je ułatwiał.

Nikt w tej nieustępliwej towarzyszce życia specjalnie nie gustował, to akceptacja jej obecności była, w zasadzie, powszechna.

2

Inaczej miały się sprawy w pierwszej połowie lat czterdziestych XX wieku w Oranie, stolicy prefektury francuskiej na wybrzeżu algierskim.

54

Albert Camus w kilkunastu zdaniach kreśli portret miasta i zamieszkujących go ludzi i nie ma w tej charakterystyce nic, póki co, szczególnego, bo też ani miasto, ani jego obywatele do niczego innego pisarza nie skłaniają.

Poza jednym.

Oran to nie jest miejsce do umierania.

I nie sposób odmówić racji tej opinii, biorąc na świadka jej przenikliwości własne doświadczenia ze zdarzeniami, ludźmi i miejscami.

Każdy, kto zna Śródziemnomorze, kto przebywał tam długo lub tylko chwilę, na jego północy, wschodzie lub południu, zaznał niespotykanej w innych stronach świata ożywczości, na którą składają się przyjazne ciepło, suchość, jedzenie, wino, pejzaże i przede wszystkim światło. I czy tej przyjemności zaznajemy na mitycznych wyspach greckich, w surowej Anatolii, w przepysznościach Lazurowego Wybrzeża czy jego antytezie, jaką jest Afryka Północna z Saharą podchodzącą do morza, wszędzie tam pobieramy z otaczającej nas rzeczywistości ogromną ochotę na życie.

Umierać w Śródziemnomorzu to godzić się na absurd.

Znamy miejsca tak bardzo nastawione na życie, tak rozmiłowane we wszelkim użyciu, tak oddane przyjemnościom i frenetycznej wesołości, że myśl o śmierci, sama tylko myśl, jest nieprzyzwoitością, dowodem na nieumiejętność zadomowienia się w ist-

nieniu, niepojętą redukcją radości, jaką niesie los nawet w najmarniejszej wersji. A już samo umieranie,
jeśli ktoś się na nie uprze, ukryte powinno być przed
innymi, jak ukryte są nasze biologiczne funkcje, może
i nieuniknione, lecz przecież wstydliwe.

Tak, tak, są ludzie i przede wszystkim miejsca, przed
którymi śmierć ukryta powinna być jak najgłębiej.

Ta, odrażająca w istocie, fantasmagoria.

„W Oranie jednak klimat, waga załatwianych inte-
resów, błaha dekoracja, szybki zmierzch i jakość rozry-
wek – wszystko wymaga dobrego zdrowia. Chory czuje
się tu bardzo samotny. Pomyślcie więc o kimś, kto ma
umrzeć w pułapce, oddzielony od innych setkami ścian
trzeszczących od żaru, gdy w tej samej chwili cała lud-
ność rozmawia przez telefon lub w kawiarniach o weks-
lach, frachtach morskich i dyskontach. Zrozumcie, jak
niewygodna jest śmierć, nawet nowoczesna, jeśli zjawi
się niespodzianie w skwarnym mieście"*.

I się zjawia.

Zaczyna się, jak sześć wieków wcześniej w Messynie na Sycylii, od szczurów.

Rozmowa doktora Bernarda Rieux z dozorcą
o dowcipnisiach układających martwe gryzonie na
korytarzu domu, który obydwaj zamieszkują, rozpoczyna *Dżumę*, najdumniejszą powieść XX wieku.

W godzinę później, kwietniowego ranka, doktor

---

* przekład Joanna Guze.

Rieux przebija się swoim citroenem przez zatłoczone mimo wczesnej pory miasto, zauważając wokół kubłów na śmieci, w rynsztokach, ale też na chodnikach lub na środku ulic, zwłoki jakby spoconych, nastroszonych szczurów z kroplami krwi w pyskach.

Tego pięknego, jak zwykle o tej porze, śródziemnomorskiego ranka, kiedy nasze ciało doświadcza umiarkowanego ciepła, słońce jeszcze nie zabija, a wokół rozchodzi się niepokonany przez samochodowe spaliny zapach kwiatów, doktor Rieux rozpoczyna cotygodniowy obchód dzielnicy zamieszkanej przez jego najuboższych pacjentów.

Pierwszym z nich jest stary Hiszpan.

Oględny, skupiony i aż irytująco sumienny lekarz nie rozmawia jednak ze swoim podopiecznym o jego dolegliwościach, ale o szczurach, które wylegają z wszelkich zakamarków na miękkich nogach, wilgotne, jakby sparzone wrzątkiem i umierają na ludzkich oczach.

Stary Hiszpan jest tym zaaferowany i jakoś radośnie podniecony, powtarzając co chwila, że od kiedy pamięta miasto, nic takiego się w nim nie wydarzyło.

Tak czy owak, wiemy już coś, czego nasi bohaterowie się jeszcze nie domyślają.

Dżuma jest już we współczesnym nam Oranie.

Straszny rok minie, nim jak bez powodu przyszła, bez powodu odejdzie.

Ale czy bez powodu?

Cenię literaturę, która ma odwagę wymierzania światu sprawiedliwości.

Nic nie mam przeciwko literaturze tylko świat opisującej, niektórym jej przedstawicielom szczerze zazdroszczę, niektórych jej przedstawicieli bardzo podziwiam, ale szacunek rezerwuję sobie dla tych pisarzy, którzy nie boją się powiedzieć: teraz będę was sądził – i czynią to bez tchórzliwej, asekuracyjnej, demoralizującej litości.

Pierwszym wśród nich jest Albert Camus, który w *Dżumie* na ławie oskarżonych posadził świat i jego twórcę.

Powieść powstała w 1947 roku.

Świat miał już za sobą nieodległe okropieństwa, które strach i wstyd wymieniać.

Cywilizacja to ciąg chaosu, bezprawia, podstępu, egoizmu i wszystkich innych ludzkich konwulsji.

Pierwsza połowa wieku XX przebrała jednak wszelką miarę.

Wielki Demiurg, kim by był lub nie był, nie ustanowił suwerennego zła, ale ustanowił rzeczywistość, w której jest ono możliwe, gorzej, ustanowił rzeczywistość, w której nie jest możliwe, by było niemożliwe, bo, jak zauważyła znakomita tłumaczka powieści Joanna Guze, zadekretował dramatyczną sprzeczność między ludzkim pragnieniem przyzwoitości a absolutną niemożnością jej zrealizowania. Sądząc za to tego, który za ten świat odpowiada, lub tego, który się od tej odpowiedzialności wymigał, lub tego, który występuje wobec nas jako wielka pustka, Camus zmusza czytelników do buntu.

Nie mamy prawa godzić się na okrucieństwo zasad, jakimi rządzi się życie.

Nie mamy prawa godzić się na zbrodnie, wojny, zdrady, choroby i śmierć.

Człowiek jest bestią, ale jak ma nią nie być.

Jak wszystkie stworzenia podlega imperatywowi przedłużania gatunku, mnoży się więc ponad wytrzymałość planety. Jest drapieżnikiem, więc zabija inne stworzenia, by przeżyć, lub jak z drapieżnikami bywa, by sobie dogodzić. Zaprogramowany na ochronę swego terytorium, w jego obronie prowadzi coraz podstępniejsze wojny. Wykorzystuje bogactwa naturalne ziemi, by zasłonić się przed głodem, chłodem, pragnieniem, upałem, bo będąc tworem biologicznie nieudanym, i w istocie zdegenerowanym, jest wrażliwszy niż inne byty na niewygody istnienia, z których większość jest w stanie go unicestwić.

Wraz z rozwojem inteligencji, bo w żadnym wypadku duchowości, konstytuuje religie nieprowadzące ku dobru, lecz zakotwiczające go w przekonaniu o swojej wyjątkowości, więc o swoich uprawnionych przewagach.

Poza wszystkim i jak na ironię jest w nim jednak

potrzeba doświadczania i dawania uniwersalnego dobra, która tylko wyolbrzymia niemożliwe do odkupienia poczucie winy.

Jak istnieć ze świadomością, że człowiek jest katem świata i samego siebie?

Albert Camus w żadnej ze swoich trzech wielkich powieści, *Obcym*, *Upadku* i *Dżumie*, nie pozostawia nam wątpliwości.

Jeżeli chcemy uchronić w sobie człowieczeństwo, którego nie będziemy się wstydzić, bo o dumie z człowieczeństwa mowy być nie może, wybierzmy drogę doktora Rieux.

Dżuma to prosta, otwarta, dzielna powieść napisana przez buchaltera przyzwoitości.

Nie ma w niej intelektualnych meandrów, moralnych niuansów, życiowej dwuznaczności. Tak znaczy w niej tak – nie znaczy nie. Dobro jest z jednej strony, zło z drugiej, a prawda przynależy tylko jednemu wyborowi. Książka wolna jest od bezsilności, kiedy to twórca, niekoniecznie pisarz, umyka w błazenadę, żart, groteskę, nonsens, sarkazm, w mniej lub bardziej wyrafinowane zabawy formą, które ostatecznie kończą się na nudzie.

Literaturę niosą pisarski kunszt i sprawa. Sprawa niesie, moim zdaniem, wyżej i pewniej. Pewna i wysoka jest sprawa i droga doktora Rieux.

4

Ale by ją poznać, trzeba na chwilę wrócić do szczurów.

A więc, jak już wspomnieliśmy, 16 kwietnia roku tysiąc dziewięćset czterdziestego pierwszego, drugiego lub trzeciego, we francuskim Oranie na wybrzeżu algierskim dozorca budynku znajduje kilka martwych szczurów, a doktor Rieux odwiedza jednego ze swoich ubogich pacjentów, nie domyślając się przyczyny jego niedomagań.

Następnego ranka, kiedy Rieux przywozi do miasta swoją matkę, dozorca zawiadamia go o kilkunastu nieżywych gryzoniach.

Ten zdrowy, silny, młody jeszcze mężczyzna nie wykazuje żadnej z oznak choroby, ale wypełnia go źle ukrywany lęk, jakby złapał w nozdrza przed innymi woń tego niewyobrażalnego smrodu czarnej śmierci, jakby zapowiedź nieszczęścia, które dotknie wszystkich, zatliła się w osobniku najpospolitszym z pospolitych, więc nieprzypadkowym.

Dzieląc z dozorcą niepokój, znamy jego przyczynę, dlatego dzień trzeci równie łagodny, jasny i przejrzysty jak dwa poprzednie, jest początkiem masowej zagłady szczurów, która nas trwoży, lecz nie zaskakuje.

Nigdy nie widzieliśmy nic podobnego, powiada Jean Tarrou, ważna postać powieści, przypatrując się konwulsjom zwierzęcia kończącego tuż pod jego nogami.

Po tygodniu, kiedy dni, choć trudno w to uwierzyć, stawały się jeszcze piękniejsze, szczury umierały setkami, wybierając miejsca najbardziej publiczne, jakby każdemu z tych nieszczęśników zależało na ludzkim świadku swego cierpienia.

Niektóre ginęły szybko, konwulsje innych trwały, zdawało się, bez końca.

Miasto paraliżować zaczyna obrzydzenie.

Trwoga to sprawa następnych tygodni, gdy władze tej świetnie administrowanej prefektury przyznały, że nie poradzą sobie z utylizacją martwych gryzoni, a nieodległe już upały i gorące mgły zapowiadają katastrofę.

I kiedy zdawało się, że panika rozchwieje miastem nie do zatrzymania, szczury odpuściły.

Przestały umierać lub umarły wszystkie.

Miasto odetchnęło, poza dozorcą, bo ten jest pierwszą ludzką ofiarą dżumy, o której jeszcze nie wiadomo, czym jest.

5

Bo miasto nic, naturalnie, wiedzieć nie chce.

Utrzymujące się z handlu, kontrabandy, występku, pełne wyzywających kobiet i odważnych, niebezpiecznych mężczyzn, skrojonych na jedną miarę, umiarkowanie pijących i przypalających papierosa od papierosa, noszących się z łacińską elegancją, skropionych czym się da i wybrylantynowanych, bezkolizyjnie współżyjących z chciwymi sklepikarzami, zawistnymi rentierami, sumiennymi urzędnikami kolonialnymi, osaczającymi swoje żony. Miasto niebieskich ptaków, awanturniczych dziennikarzy, czeredy przyjezdnych, którym nikt się nie dziwi i, ma się wrażenie, niewielu dzieci.

Miasto naturalnie nic wiedzieć nie chce, chociaż gorące mgły, nieuniknione na progu lata, pojawiły się wcześniej niż zwykle, zatapiając wszystko w żółtej zawiesinie i Oran, jak pisze Camus, dostał gorączki.

W każdym razie po wiosennej ożywczości nie pozostał ślad. A stało się to kategoryczniej niż zawsze.

Wraz z gorączką pojawiły się dymienice.

Jak kamień twarde usadawiały się pod pachami i w pachwinach, rozcinane, nabrzmiewały na powrót ze zdwojoną ochotą, po kilku dniach lub godzinach otwierały się same jak „zgniły owoc" i chory umierał w gorączce i smrodzie.

Zgony zaczęto liczyć w dziesiątki, lecz nikt nie wypowiada słowa dżuma, jakby nienazwanie choroby mogło ją oswoić albo przegnać.

Większość, istotnie, nie domyśla się złowieszczości epidemii, ale doktor Rieux do nich już nie należy. Chodząc od pacjenta do pacjenta, zmagając się z dymienicami, osłabieniami, krwotokami, przejmującym do samych trzewi bólem, coraz trudniej znajdując słowa pocieszenia, z coraz chłodniejszą przenikliwością ocenia chorobę, ale i on nie wymienia jej nazwy.

Prasa tak aktywna przy śmierci szczurów i tak krytyczna wobec chaosu z tym związanego milczy, gdyż śmierć ludzka, póki co, dzieje się w głębi mieszkań, za zamkniętymi roletami, a „prasa zajmuje się ulicą".

A poza wszystkim słowo dżuma tak bardzo związane było z czasami przeszłymi, to znaczy niewyobrażalnie odległymi, że określenie nią zarazy, która niemile doświadczyła miasto w dobie radia, jazzu, elektrycznych kolei, samolotów, wystawnych sklepów i nadmorskich promenad, byłoby przywołaniem jakiejś niedorzeczności.

Oran pogodził się z myślą, że został zaatakowany przez nieznaną mu dotychczas katastrofę, lecz nie przyjął do wiadomości, że jest nią dżuma.

Nawet posiedzenie komisji sanitarnej w prefekturze kończy się konstatacją: „Musimy więc wziąć odpowiedzialność i postępować tak, jak gdyby choroba była dżumą".

Słowo zostało wypowiedziane i nawet jego przypuszczalność, warunkowość, niekategoryczność niesie kategoryczne, nieprzypuszczalne i bezwarunkowe konsekwencje.

Miasto zostało zamknięte.

6

Ale przecież nie sparaliżowane. Mimo lawinowego postępu zachorowań więcej było zdrowych niż chorych i chociaż ci ostatni dzielić zaczęli los szczurów sprzed dwóch miesięcy, umierając na ulicach, to zbyt wiele w Oranie było biglu, by miał się nagle wyczerpać, zbyt wiele impetu, by mógł wyhamować, za dużo wspomnianej już chęci życia, by ulec śmierci.

Zaryglowane ze wszystkich stron, zaczęło się więc kręcić w koło, w jakimś obsesyjnym tańcu. A z tańcem jest tak, że jaki by był składny i wymowny, nie służy niczemu. Tak też dzieje się z miastem, które żyło z kontaktów, ruchu, podróży, wymiany, kontrabandy. Wszystkie wymienione przejawy ludzkiej aktywności wymagają otwarcia, to też w zamknięciu ruch obywateli miasta stawał się coraz bezproduktywniejszy.

Nie dotyczyło to doktora Rieux, którego marszruty były proste, nie koliste, przecinające ludzki korowód w poprzek, od punktu do punktu.

Pracuje jak maszyna; ogląd, cięcie, dezynfekcja, opatrunek, lekarstwa, czasami tlen i akt zgonu.

Lecz w miarę postępów zarazy, a nie odpuszczała ona nawet na moment, coraz mniej ratował ludzkich istnień, a coraz więcej ludzkiej godności.

Wraz z kilkoma przypadkowymi bohaterami, tak, tak, bohaterami, z którymi w normalnym czasie nic by go nie łączyło, doktor Rieux wydaje wojnę absurdowi.

Bez fanfar, krzyku, patosu, jakie zwykle towarzyszą wszelkim krucjatom, działania doktora i jego pomocników są spokojne, uświadomione, absolutnie ludzkie, więc daremne, lecz nie beznadziejne.

Okrucieństwu życia przedstawić należy tylko własną przyzwoitość, bo nic innego na nie nie mamy.

Jeśli życie ma choć odrobinę sumienia, to się zawstydzi. A jeśli się nie zawstydzi, tym gorzej dla życia.

I jakkolwiek wobec absurdu zarazy krzątanina doktora Rieux wydaje się równie absurdalna, to Camus tym różni się od wielu innych pisarzy, że między tymi dwoma absurdami czyni różnicę. Wielką, fundamentalną, nieprzekraczalną różnicę.

I ta różnica wynosi opowiadaną historię na absolutne wyżyny nie tylko literackiej maestrii, ale też etycznego znaczenia.

Ja, mały, śmiertelny, bezbronny człowiek nie zginam karku przed nieczułym światem, ale w chwili próby mu urągam, stając się wojownikiem bez wiary.

Nie powoduje mną nadzieja, ale w nieszczęściu, na jakie mnie skazuje, nie popadam w bezczynną rozpacz.

„Człowiek to nie idea, Rambert" – rzekł Rieux, gdy dwaj z jego pomocników pochylili się ku sobie, by zanurkować w głębie filozoficznej rozmowy o eschatologicznym znaczeniu poświęcenia. Bernard Rieux nie sprzymierzy się z nimi w tej dywagacji. Ani teraz, ani nigdy.

To lakoniczny człowiek. Niewiele o sobie mówi, a Albert Camus o nim jeszcze mniej.

Cóż wiedzieć o nim więcej chcecie, wobec zarazy? Najsmutniejsze lato, jakie Oran pamięta, stanęło w swoim szczycie.

„Nie było już losów indywidualnych, ale wspólna historia, to znaczy dżuma i uczucia, których doznawali wszyscy".

Nie solidaryzowały one jednak obywateli, odwrotnie, oddalały ku samotności, w której nie było miejsca na powściągliwość, jak można by oczekiwać, na typową dla samotności oględność, tylko była to samotność wraz z upływem tygodni coraz bezwstydniejsza.

I tylko godne podziwu rygory, wprowadzone przez administrację prowincji, zaprawioną przez sto lat kolonializmu, niecofającą się nawet przed rozstrzeliwaniami za brak obywatelskiej dyscypliny, trzymały miasto w jakim takim porządku.

A siła moralna takich jak Rieux i jego pomocników zmuszała społeczność żywych do zrzeczenia się swych praw na rzecz społeczności umierających lub umarłych i przekonania wszystkich, jak bardzo wątpliwa granica ich dzieli.

W istocie ludzie umierali dzielnicami i te uważane za żywe były na drodze do umarłych, a te z drogi umarłych nieruchomiały w śmierci.

Drogi odwrotnej nie przeszedł nikt, bo była – i to ludzi demoralizowało, rozwścieczało, paraliżowało – nie do przejścia.

7

Jesień nie stępiła kosy czarnej śmierci, do opresji zarazy dokładając opresję pogody.

Nie wynaleziono nic przyjemniejszego nad suchy upał, rozświetlony wściekłym słońcem, przed którym chronimy się w bezpiecznym cieniu i z tego cienia podziwiamy złoty blask.

I niewiele jest rzeczy przykrzejszych jak upał podczas mgły lub deszczu.

A taka właśnie pogoda zadręczała miasto, jakby mało było udręki związanej z zarazą. Bo nic tego roku nie zostało Oranowi oszczędzone.

W listopadzie miasto nawiedziły wcześniejsze niż zwykle chłody i zimne wiatry.

Nie wyszczuły jednak dżumy z miasta, odwrotnie, wiatr, z jakiej strony by wiał, niósł ze sobą morowe powietrze, dokładając do tego miejskiego, to spoza niego, czy było to ołowiejące morze, czy pustynia.

W lutym następnego roku nastąpiło jednak zdarzenie napawające bardzo umiarkowanym optymizmem.

W Oranie, po raz pierwszy od roku prawie, zjawiły się szczury. Na razie tylko dwa, ale ożywione i wyraźnie wolne od dżumy.

Nie minął tydzień, a na strychach, w piwnicach, w hurtowniach, sklepach i restauracjach obywatele z rozkoszą i rozczuleniem przysłuchiwali się ich krzątaninie.

A za szczurami poszły statystyki. Dżuma rozpoczęła odwrót.

Wiosna wyzwoliła miasto. Wraz z ciepłymi, przejrzystymi dniami, równie pięknymi jak te sprzed roku, otwarto bramy.

Nikt nie odważyłby się powiedzieć, że Oran został uwolniony od zarazy, ale nie można go było dalej więzić bez obawy, że zmieni swój charakter, bez obawy, że nie pozna samego siebie.

Festyn radości, tańców, zabawy, braku pamięci o tych, którzy nie przetrwali, nie wypełnił od razu miasta znanym mu zgiełkiem.

Musiało minąć trochę czasu, nim miasto w dobrym i złym, a złego było w nim zawsze więcej, ruszyło znowu do swoich zajęć i do swojego nie byle jakiego życia.

Nadzieja, że Oran wyszedł z zarazy oczyszczony, zdystansowany, szlachetniejszy, nigdy nie rozświetliła tej powieści.

Jej autor wie o świecie zbyt wiele, by prowokować w nas takie złudzenia.

Ale mam nadzieję, że postawa niektórych przedstawicieli miasta wobec ostateczności stała się podnoszącym na duchu doświadczeniem dla samego Camusa.

Bo że doktora Bernarda Rieux wyznaczył od razu do męczącej i skrajnie niewygodnej niezłomności, jest pewne, ale postawa kilku jego pomocników zaskoczyła, być może, pisarza, który o swoich współplemieńcach myśleć zaczął dzięki temu lepiej niż po *Upadku* lub *Obcym*.

Wśród postaci, które Camusa obchodzą, w opowieści o czarnej śmierci nie ma nikogo takiego jak Meursault czy adwokat Clamence.

Autor nie postawił żadnego z nich przed próbą, której podobnie jak większość orańczyków i jak, przykro to przyznać, większość z nas, by nie przeszli.

Z czym byśmy wtedy zostali? Z czym byśmy zostali?

8

Wiadomo z czym. Z gardzącą nami dżumą.

Bo dżuma się w końcu z Oranu wyniosła, mówiąc do siebie, być może, tak:

Marny ten rodzaj ludzki, kosi się go łatwo, a po pewnym czasie bez przyjemności. Kończy w krzyku, bezsilności, rozpaczy i smrodzie. Ale wśród moich potencjalnych ofiar był człowiek, który się mnie nie przestraszył. Towarzyszyło mu kilku równie hardych mężczyzn. Teraz ilekroć ruszę na ludzkie mrowie, będę pamiętała, że zdarzają się wśród nich tacy, którym nie poradzę, gdyż na moje jady mają swoje serum.

Widziałem dżumę, oznajmił Jan Bosforth ze zgromadzenia zakonnego w Irlandii, kiedy kończyła ona swoją robotę sześć wieków temu. Była długą, chudą, czarną śmiercią, z zaskakująco urodziwą twarzą, w nieprzerwanym tańcu. W nieprzerwanym tańcu? Też ją widziałem. Co do twarzy, można dyskutować, ale jej taniec pamiętam, i jest to taniec śmierci.

Wszystkie istoty zaludniające ziemię mają wrażenie niebezpiecznego przepełnienia, dokuczliwego nadmiaru, opresyjnej wszechobecności wszystkiego, w której szarogęszą się coraz zuchwalsze zarazy, nie lepsze od dżumy.

Trzyma się nas podejrzenie, że doświadczana bez miłosierdzia przyroda nie jest już w stanie nas chronić przed swymi ekstremami i coraz częściej wydaje nas na pastwę własnych niedomagań.

Mamy pewność, że w przepełnionym świecie nasz ból istnienia, a któż go nie doświadcza poza durniami, jest coraz samotniejszy.

Podejrzewamy obecność dżumy w jednocześnie zakorkowanych miastach wszystkich kontynentów i w rozsierdzonych kierowcach w swoich blaszanych skorupach, nienawidzących każdego przed nimi, za nimi i obok nich.

Widzimy ją w ogromniejących megasupermarketach, gdzie człowiek, pomnożony przez miliony mu podobnych, zamienia się w ogłupiałą, rozkołysaną, chciwą każdego wmówionego mu badziewia tołpę, a dżuma przemyka między regałami, zamiatając czarną suknią posadzkę, wyostrzona już na brzytwę.

Słyszymy ją we wszystkich rzeźniach świata, które codziennie tłuką dla nas miliony naszych braci mniejszych i czujemy, jak zresztą nie czuć, że masa krytyczna ich cierpienia nas wreszcie przywali i unieruchomi.

Tam wszędzie ją widzimy, gdzie jest gorszący nadmiar i gorszący brak, gdzie jest przemoc, nieuzasadniona, dzika, rozpanoszona wesołość, najniesprawiedliwsze wojny, przygnębiające ideologie i jeszcze gorsze religie. Widzimy ją w bezkarności jednych i drakońskich karach wymierzanych innym.

Znajdujemy dżumę też tam, gdzie najlepsza intencja, szlachetny zamiar degenerują się w bezwład, anarchię, agresję bez celu, niemoralną równość, pozorne braterstwo, prawa dla wszystkich do wszystkiego, gdzie rzeka niespełnionych, bo niemożliwych do spełnienia obietnic, rozlewa się coraz szerzej i szerzej, mętnieje z dekady na dekadę, a dymienice dymią coraz dokuczliwszym smrodem.

Czujemy ją w każdym rozpasaniu nierównowagi i wiemy to, co wie doktor Rieux, że „nadejdzie dzień, kiedy na nieszczęście ludzi i dla ich nauki dżuma obudzi swe szczury i pośle je, by umierały w szczęśliwym mieście".

W każdym szczęśliwym mieście.

A wtedy rozejrzymy się za ratunkiem już nie dla swych ciał, lecz dusz. Bez złudzeń, nie wyjdzie nam naprzeciw Bóg, jak usilnie byśmy Go przywoływali, ale wierzę głęboko, że znajdą się tacy jak doktor Rieux i jego pomocnicy, bo jak bardzo złych czasów byśmy doświadczali, oni zjawiają się z ratunkiem zawsze.

Wypada ich wymienić:

Jean Tarrou, z upodobania niebieski ptak, najdzielniejszy z dzielnych, najofiarniejszy z ofiarnych i najbliższy doktorowi, który umarł na dżumę, gdy ona się już z Oranu wyniosła.

Dziennikarz Rambert, który gdy może opuścić zamknięte miasto, w nim pozostaje, bo wstyd być szczęśliwym wśród nieszczęśliwych.

Zakonnik Paneloux, zawsze na granicy herezji, heroicznie oddany umierającym dzieciom, jedno ze swoich kazań kończący tak: „Bracia moi, chwila nadeszła. Trzeba we wszystko uwierzyć albo wszystkiemu zaprzeczyć. A któż spośród was ośmieliłby się wszystkiemu zaprzeczyć?".

Rentier Cottard, normalnie świnia, którego dżuma wynosi do moralnej dystynkcji, podejrzewający, że powrót do miasta sprzed zarazy to powrót do siebie sprzed wyniesienia. Ginie od kuli policyjnego komanda, w sprowokowanej przez siebie strzelaninie.

Urzędnik municypalny Grand, beznadziejny grafoman, po doświadczeniach zarazy zdecydowany powyrzucać ze swojej powieści wszystkie przymiotniki.

Matka doktora Rieux, zakłopotana swoją przyzwoitością, co zawsze określało wszystkich, znanych nam i nieznanych świętych.

I wreszcie kilku lub kilkunastu innych, za których ręczę słowem honoru bezgranicznie oddanego czytelnika.

Nie zapomnijmy ich.

9

I trzymajmy się zasady, tym mocniej, im dotkliwiej onieśmiela, tym hardziej, im głębiej grzęźniemy w stracone pozycje, tym konsekwentniej, im drastyczniej nas zdeterminowano – żadnej pokory wobec opatrzności, nawet jeżeli jest najabsolutniejszym absolutem. Niech na nic nie liczy poza obojętnością, którą otrzyma w rewanżu za własną obojętność.

Chłód za chłód.

Czy postawienie przed człowieczym gatunkiem tak skłonnym do wznoszenia próśb, zginania karku, bicia czołem, podporządkowywania się przemocy, nieustającego lamentu – ściany z nieprzejednania nie jest przeciwko instynktowi przetrwania za każdą cenę?

Może i jest, ale co to ma za znaczenie wobec dumy.

Dumy z tego, że znaleźli się ludzie w Oranie, więc znajdą się gdzie indziej, którzy ładunek bólu wstrzeliwany przez stwórcę, demiurga, wszelką przyczynę i wszelki skutek, w każdy indywidualny los, rozprowadzili między sobą.

„I że na świecie, gdzie ból tak często bywa samotny, ma to jakieś znaczenie".

Bo nie ma, jak słusznie zauważył w *Twierdzy* Antoine de Saint-Exupéry, takiego oswojonego lisa, który pustynię wzbogaciłby naszą miłością, nawet kiedy był nieprzytomnie kochany, nim dał nogę.

Jeśli bezpłodność podobnych związków dostrzegł de Saint-Exupéry, który po to został zawodowym pilotem, by ścigać Boga, bo nie wyobrażał sobie świata bez niego, to co dopiero Camus, który sobie wyobrażał.

Bez złudzeń. Nie wzbogacimy pustyni żadną naszą zaletą, a jednak należy je w sobie wyostrzać i pogłębiać, szlifować do blasku, zaprawiać się w nich od młodości, dla samej z nich dumy.

Nonsens? Zależy dla kogo.

„ŚWIĘTE DNI"

1

„Burżuj na skrzyżowaniu ulic / Nos przemarznięty w kołnierz wcisnął / Skuliwszy ogon, drżąc się tuli / Do jego nóg parszywe psisko.

Jak głodne psisko tkwi na rogu / Burżuj – milczący znak pytania / A stary świat, skuliwszy ogon / Jak pies bezdomny stoi za nim"*.

Pamiętamy wszystko.

Newę, miasto, stójkowego, psa, burżuja i opłakujemy ich.

Opłakujemy świat, który właśnie przed chwilą, na naszych oczach w poemacie Aleksandra Błoka *Dwunastu* przeszedł do historii tak namacalnie, dosadnie, ordynarnie, że dreszcz idzie po kręgosłupie.

Opłakujemy nasze miasto, jego rzekę, naszego ukochanego Wuja, który był, naturalnie, bo jakby inaczej, burżujem, najserdeczniej jak można psa, którego nie-

---

* przekład Seweryn Pollak.

dola wydaje się najniesprawiedliwsza, i stójkowego ze złą, czerwoną mordą, który nam to gwarantował.

Opłakujemy nasze książki, nasz fortepian, pachnące poranną kawą mieszkanie, nasze wszystkie niewyszukane, bezpieczne przyjemności i nasze, co by tam nam przypisywano, poczciwe życie.

Opłakujemy Marię Kiriłłownę, czy jak jej tam było, tak przywiązaną do swoich romansów, pachnącego lawendą dziadka ze stygmatem wszelkich gwardyjskich przesadzonych, wyolbrzymionych lub wręcz skłamanych grzechów młodości i jego żonę powtarzającą w chwilach beztroski, których wielu nie miała: *Wietierok udalenkij, dożdik, dożdik malenkij. Nie zaduj agnia.*

Wreszcie opłakujemy siebie.

Ale jednocześnie porywa nas niebezpieczne piękno rewolucji, zatracamy się w nim. Ogarniają nas wszystkie znane nam i nieznane lęki i wszelkie przerażenie, ale nie możemy oderwać oczu od dzieła zniszczenia taki blask demoniczny od niego bije, takie ponure światło.

Kruche jest nasze istnienie i najczęściej byle jakie. Od trwogi do trwogi. Rewolucja unieważnia całą naszą tymczasowość, przekonując, że w pogoni stada, którym i my jesteśmy, za mirażem, otrząsamy się ze wszystkich naszych ograniczeń i uodporniamy na boskie humory. I nawet jeżeli podejrzewamy w tym tylko złudzenie, a najczęściej podejrzewamy, to dajemy się nieść tej nikczemności. Dlatego im rewolucje dziksze, krwawsze, ekstatyczniejsze, tym ludziom do nich bliżej i powiedzmy uczciwie, nie tylko hołocie.

Do rewolucji przystąpiłem dla jej piękna i rozmachu, powiedział przed rozstrzelaniem szlachcic, a niektórzy twierdzą, że książę nawet, Michaił Tuchaczewski.

Nie zamierzam indoktrynować komandarma i późniejszego marszałka, ale nie uważam, że miał na myśli piękno moralne.

Stwierdzić przykro, tyranie mają swoje sposoby na uwodzenie. Ale od zdumienia, uwiedzenia, a nawet olśnienia do afirmacji droga daleka. Poezja, gdzie by się nie ulęgła, krwawo się żywi, a w każdym razie od czasu do czasu taka dieta jej służy.

O tym właśnie jest najpopularniejszy poemat Aleksandra Błoka pod tytułem *Dwunastu*, a nie jak twierdziła i twierdzi nadal większość specjalistów od literatury, afirmacji rewolucji.

Nie przekona mnie nikt, że poeta chociaż na mgnienie oka uwierzył, że „rewolucja, krusząc stary świat, zmieni jego substancję moralną".

2

Trzeba by Błoka zobaczyć. Pięknego sybarytę, chłodnego dandysa, kruchego efeba w młodości, produkt tego, co w Rosji było najlepsze i najbezbronniejsze zarazem, absolutnie godne zachowania dla niej samej, Europy, świata.

Potomek carskiego lejbchirurga i kilku uniwersyteckich profesorów, wychowywany przez kobiety z pierwszorzędnej rodziny matki, urodziwe, wykształcone, czułe, ożeniony z córką wielkiego Mendelejewa, wyszedł z takiej delikatności, wrażliwości i dystynkcji, jakich świat już nie znał. Nie ma w nim witalności, desperacji, ruskiego naplewatielstwa. I nawet jeśli przyjmiemy, choć uwierzyć trudno, że w *Dwunastu* i *Scytach* Błok spalił się doszczętnie, to na widowni, moim zdaniem, nie na scenie.

Nie podejrzewam też w poecie rosyjskiej duszy, tego koszmaru częściowo Rosjanom wmówionego, który dźwigali jak garb na plecach. Rosyjska dusza brała się jednak z niższości, dwuznaczności, półinteligenckości, napawającej mnie odrazą dostojewszczyzny, a Błok to dystynkcja wolna od takiej marnej asocjacji. Bo obecność rosyjskiej duszy skłaniałaby może do chwilowej afirmacji rewolucji, którą zresztą rewolucja, i za to jej chwała, rozniosła na strzępy.

I wreszcie ostateczna sublimacja żołnierzy i ich marszu, „Lekką stopą nadśnieżystą / Przez perliste rozsypisko", z Chrystusem na przodzie, jest raczej poetycką nieuchronnością niż politycznym wyborem.

A podejrzenie, że Błok uległ jakiejś presji, uwłacza jego pamięci. Nic w roku 1918 nie stało na przeszkodzie, by nadal pisał swoje symbolistyczne, mniej czy bardziej oderwane od rzeczywistości wiersze.

Był taki czas, kiedy rewolucji rosyjskiej przestraszyli się wszyscy. Komandarmowie, naczdywowie, kombrygowie, żydowcy komisarze, samozwańczy watażkowie, wszelkiej maści przewodniczący i sekretarze, rewolucyjni pisarze i poeci. Przestraszyli się jej wszyscy poza Majakowskim podobno, bo ten bać się zaczął, kiedy tamci do swego strachu przywykli.

Cała awangarda niesiona rzeką chaosu, wrzasku, apokaliptycznego zła, bezideowości, niewyobrażalnych cierpień jednych, rozdokazywania drugich i tego, co we wszystkich rewolucjach wspólne i najgorsze, poczucia nieodwracalnej beztroski.

Czy o tym jest *Dwunastu*? O tym również, bo *Dwunastu*, w zgodzie z intencją poety lub w niezgodzie, jest o wszystkim.

Bywa taki rodzaj twórczości, który onieśmiela samego autora. Myślę, że Aleksander Błok, najzdolniejszy, moim zdaniem, poeta Rosji, nieraz był poruszony suwerennością obydwu wielkich rewolucyjnych utworów. Chłodnym wyrafinowaniem *Scytów* i plebejskim biglem, szelmowską werwą *Dwunastu*.

Raz przeczytane nie przepadają, raz napisane trwożą już zawsze.

3

A skoro tak, to „Wańka z Kaťką hulać poszedł. /
Ona kierenki ma w pończosze!".

Między dwunastoma czerwonoarmistami masze-
rującymi w lodowatej zamieci, znikąd donikąd, jest
i ta dwójka.

Wańka jak Wańka, pies go jebał, ale Kaťka to nie
byle kto. Czarnobrewa, jak pisze Błok, i pyzata, nie-
okiełznana i niewyczerpana. Bez idei, celu, planów,
bez jakiejkolwiek przynależności, z niepokonanym
apetytem na nahulanie się do samego spodu.

„Chwyć za karabin, lęk w sobie skrusz! / Kropnie-
my kulką w Świętą Ruś!".

Kaťka nie jest w żadnej, najcięższej nawet, chwili
ofiarą rewolucji. Kaťka to rewolucja. A poza wszystkim straszna z niej suka, gdzie jej nie było i gdzie
jej jeszcze nie mogło by być. Szlajała się z oficerami,
pieściła młodziutkich kadetów, rozkochiwała w sobie
junkrów, wodziła za nos całą ruską Spartę, a teraz jest
z czerwonymi, bo tu życie rwie najszybciej. Że bez
sensu, no to co? A kiedy ono miało sens?

Z Nestorem Machną by się jeszcze powłóczyć,
z jego grandą. Rozjeżdżać matkę Rosję w dworskich
karetach, landach, linijkach, bryczkach, ścigać innych
i samemu być ściganym.

Trzebić burżujów, łupić dworiaństwo, wysadzać
przeprawy, palić chutory, gardłować na meetingach,

ustanawiać wrogów, a jak przyjdzie fantazja, a czemu przyjść by nie miała, to zdradzać, bo w zdradzie tyle samo wdzięku co w wierności, skoro jedno jest tylko przeciwieństwem drugiego.

Kaťka, w której zakochać się trudno i oprzeć się trudno, jest w pędzie, którego już nikt nie powstrzyma. Widzimy tę dziewczynę, dziecko jeszcze, niesione, chciałoby się rzec, wiatrem historii, gdyby to jej nie spowszedniało, bo wiatr historii ciska w zasadzie każdym, Kaťkę natomiast niesie wiatr, którym jest ona sama. Ona sama jest wiatrem, pędem, impetem, który, jak z tymi żywiołami bywa, nie opada, nie wytraca się, nie cichnie, tylko roztrzaskuje się na strzępy o własne przeciwieństwo.

„A gdzie jest Kaťka? / Kona, kona! / Głowa na wylot przestrzelona! / Dobrze ci, Katiu? / Ani drgniesz. / A leż na śniegu, ścierwo, leż!".

4

Tylu przed Błokiem pisało o rewolucjach, i tylu po nim. I tylu o nich jeszcze napisze, i żal mi każdego ze sobą włącznie.

Zapytać można, po co pisać o małżeńskiej niewierności po *Annie Kareninie*? Jaki to ma sens? Co da się powiedzieć o miłości po Iwanie Buninie? Cóż straszniejszego można przedstawić nad immanentne zło natury ludzkiej, niż zrobił to Dostojewski? I co zabawniejszego lub tragikomiczniejszego nad Gogola? Co nowego powiedzieć można o zaświatach, byśmy się do nich przywiązali, po *Mistrzu i Małgorzacie*?

Nic zapewne, lecz słowo zapewne zapewnia nas, że rzecz nie jest przesądzona. Jest tu jeszcze szpara, widzimy szczelinę, można się w nią wcisnąć, mało prawdopodobne, ale niewykluczone, z czymś lepszym.

A Błok nie pozostawił nam nawet szczeliny. O rewolucji, gdzie by nie płonęła, nie napisze się trafniej, krócej, piękniej.

Dziesięć stron doskonałości.

O wojnach domowych po rewolucjach proszę bardzo. O terrorach, owszem. O komunizmie lub każdej innej obłędnej ideologii próbujcie wszyscy. O degrengoladzie, deprawacji, degradacji droga wolna, ale o matce tych wszystkich bied nie napisze się nic więcej. Szkoda próbować.

Dwunastu, straszny poemat, a *Scytowie* jeszcze straszniejsi. Bo kto by tam szalony chciał dopełnić w swej megalomanii pierwszy, trafi na drugi.

„I nie ruszymy się gdy wściekły tłum, / Trupy ograbi i znieważy, / W kościoły będą konie gnać wśród łun, / I mięso białych braci smażyć"*.

---

* przekład Mieczysław Jastrun

Z *Dwunastoma* jak z rewolucją. Napawa lękiem, ale oderwać się od nich nie można.

Gulajet wietier, prochajet snieg. / *Idut dwienadcat' czełowiek.* / *Wintowok cziornyje remni,* / *Krugom – agni, agni, agni...*

Od czterdziestu lat słyszę ten krok. „Mróz, towarzysze, wściekły mróz!".

Maszeruje Dwunastu.

5

Ale nim ich usłyszałem, siedzieliśmy z moją babką, u której zaciągnąłem nigdy niespłacony dług wdzięczności, wiosennego popołudnia na kamiennych schodkach naszego poniemieckiego domu, twarzami do raubritterskiego zamku Kynast.

Obydwie rewolucje były już za nami. Kto miał zginąć, zginął. Kto miał przepaść, przepadł. Zostali dziadkowie, dwie osamotnione kobiety i trójka ich dzieci.

Przymykając oczy na gorącym już słońcu, Babka powtórzyła: *Wietierok udalenkij, dożdik, dożdik malenkij, Nie zaduj agnia!*

Już po dzieciństwie, młodości, po *Scytach* i *Dwunastu* trafiłem na te słowa Błoka przełożone na polski.

„Zuchwały mój wietrzyku, / Drobniutki mój deszczyku, / Świec nie gaś mi! / W palm zielonych niedzielę, / Pierwsza wstanę z pościeli, / To święte dni".

Nic poza wyobraźnią nie upoważnia mnie do łączenia obydwu rewolucyjnych poematów z *Palmowymi gałązeczkami*. Dekada je zresztą dzieli. Ale ilekroć powtarzam sobie te wiotkie strofy, po polsku czy po rosyjsku, to przed oczyma staje mi Kaťka tak bez miłosierdzia użyta przez Błoka do upojenia bezmiarem rebelii.

Jeżeli idea wiecznej kobiecości upostaciowiająca miłość, czułość, dobroć, nawet religijność była istotą twórczości Błoka, to czemu z tej idei wyłączył Kaťkę i przypisał jej rolę porywającą, skądinąd, ale niemającą z kobiecością nic wspólnego.

Wśród największych rosyjskich poetów i prozaików tak mistrzowsko przedstawiających kobiety, jak w żadnej innej literaturze, nie ma nikogo, kto wyniósłby je równie wysoko, kto kobiety widziałby w każdej delikatności, kruchości, świętości. W każdej najsymboliczniejszej, najgłębszej rosyjskości. Czemu więc Kaťka trzymana jest od tych zalet tak daleko? Jak to się stało?

Kto się upomni o jej prawo do wyboru?

Zatraci się w gwałcie, furii, pędzie, jej rzecz, ale niech wie, że na antypodzie tych rozkoszy są święte dni.

Mam prawo podejrzewać, że o tym nie wie.

Nie wymagam dla dziewczyny statusu Lubow Dimitriewny, żony poety, raz na zawsze Pięknej Damy, ale odrobiny litości.

Wprawdzie takich jak Kaťka w rewolucji, a potem po różnych stronach wojny domowej, było niemało, ale najczęściej jako ofiary fascynacji różnymi Machnami, Mironowymi, Czapajewami, rozdarte między wiernością a niewiernością, między wrzaskiem a płaczem, porzucane, darowywane, sprzedawane, przegrywane bez umiaru.

Jak zostawały egeriami buntu, to rzadko w zgodzie z samymi sobą. A legendy to im potem podoczepiano i nie próbujmy nawet pytać, jak się w nich czują.

Posunąłem się. Zamykam swoje koło. Scytyjską jazdę słyszę i ciężki, rytmiczny krok Dwunastu, ale coraz częściej płyną też ku mnie święte dni i coraz częściej z Kaťką lub jej duchem. Z ręką na sercu, zmartwychwstanie się jej nie należy, ale co my tam wiemy o wyrokach losu.

I jakkolwiek te cztery takty nie niosą ze sobą okrutnego piękna *Dwunastu* lub *Scytów*, to niosą mądrość i spokój potrzebne każdemu, kto zbliża się do celu, czym by on był lub nie był.

A agnia nie zaduj. Sam zgaśnie.

MÓJ IWASZKIEWICZ

1

Jarosław Iwaszkiewicz? Nie znałem go osobiście, nie poznałem nikogo z jego przyjaciół, nie widziałem go nigdy na żywo, ale sądząc po fotografiach, przypominał mi mastodonta.

Nie chodzi o to, że duży, a w późniejszych latach zwalisty, lecz że zamierzchły.

Nawet urodziwy, ale na swój sposób.

Z tą swoją kamienną, mocną, zachwianą w proporcjach twarzą, nie przypominał delikatnego, introwertycznego poety, eseisty, prozaika tak bardzo niepogodzonego z nadaremnością życia.

Pisarze bywali i bywają różni. Wiotcy i neurotyczni jak Kafka, bezcieleśni jak Leśmian, niczym Tuwim spleceni z samych nerwów, plebejsko przystojni jak Hłasko, chamsko przystojni jak Brycht, filmowo przystojni jak Llosa, niczym Gogol szpetni i jeszcze szpetniejsi jak Sartre.

Rozsmakowani w swojej męskości jak Hemingway i zakłopotani nią jak Malraux.

Poza ciżbą pisarzy fizycznie nijakich, wśród których nie brakuje mistrzów, wymienieni powyżej i cała reszta niewymienionych korelowała swoją twórczość ze zdrowiem i powierzchownością.

Jakże mogłoby być inaczej. Nic tak nas nie określa, żaden cel, idea, religia, mamona, szatan, Bóg i co tam jeszcze, jak ciało, to nielojalne w istocie, przemijające gówno.

Zawsze twierdziłem, że Hemingway nie byłby tak charyzmatyczny, gdyby miał powierzchowność Woody Allena, co nie znaczy, że pisałby gorzej.

Inną powieścią byłby *Proces,* gdyby Franz Kafka był niski i krępy, *Rozmowa w katedrze,* o czym innym, gdyby Llosa nie był efektowniejszą wersją Rocka Hudsona, Leśmian w życiu nie napisałby *Łąki,* gdyby mu dołożyć trzydzieści centymetrów wzrostu.

Wspominam oczywistości, rzadko jednak brane pod uwagę.

Oglądamy pisarzy na portretach, fotografiach, w kinie, telewizji lub na żywo i mało który jest w stanie nas wykiwać.

Iwaszkiewiczowi się to udało.

2

Wyróżniał się wśród innych pisarzy pogaństwem [choć pamiętam, że był autorem przepięknego eseju o św. Teresie z Ávila] i czułością.

Cenię w literaturze czułość, tak jak nie cenię sentymentalizmu, taniego miłosierdzia, kpiny, przesadnego sarkazmu, zbyt głębokiej głębi, która czyni literaturę nie do zniesienia.

Mam wrażenie, że czułość mylona jest często z ciepłem. Powiada się, że jakaś historia, postać, relacja lub nastrój są ciepłe, traktując to jako zaletę.

Nie znoszę ciepła, gdyż zawsze jest oszustwem, pobożnym życzeniem, ślepą i głuchą imaginacją.

Czułość jest zaprzeczeniem ciepła, bo w czułości nie ma nic optymistycznego i w istocie zdrowego. Element niepewności, smutku i bezsilności wobec bezprawia istnienia jest rdzeniem, samą naturą czułości.

Nie trzeba pisać bezsilna czułość. Ona jest bezsilna i bez tego przymiotnika.

Jest takie opowiadanie z lat trzydziestych pt. *Dzień listopadowy*, w którym młody człowiek, naturalnie potencjalny gruźlik, jak to u Iwaszkiewicza, gości w swojej leśniczówce matkę z wielkiego świata i przez kilka lub kilkanaście godzin swego pobytu matka próbuje porozumieć się z dorosłym, wrażliwym, inteligentnym i odpowiedzialnym synem.

Nadaremno.

Ona jest egoistką zajętą własnym życiem, ale przecież nie potworem, ma dużo dobrej woli i wbrew wszelkim pozorom jest skłonna abdykować ze swojej niezależności na rzecz syna, przynajmniej na czas wizyty. Nie sposób tego nie docenić.

On nie stoi za niewidzialną kurtyną, nieprzekraczalną ścianą, zakuty w swojej osobności, odwrotnie, ma się wrażenie, że po ludzku na matkę otwarty, a jednak dzieli ich przepaść. Nie pusta wszakże, jak to z przepaściami bywa, lecz po krawędzie wypełniona czułością, przez którą jednak mówi nam pisarz, nie załatwiamy nic, ani ze sobą, ani z innymi, ale która, jeżeli prawdziwa, wynosi nas ponad ludzką miarę.

Kierkegaardowska bojaźń i drżenie są ważniejszym doświadczeniem, czy to się nam podoba, czy nie, od pokrzepiającego porozumienia.

O *Pannach z Wilka*, moim zdaniem, najlepszym opowiadaniu w historii literatury światowej, nie wspomnę, bo zrobiono to już dziesiątki razy na wszelkie możliwe sposoby, ale kilka zdań na temat niewiele gorszej *Brzeziny*.

To historia najczulsza z czułych, więc okrutna. Można by rzec – tak okrutna jak życie. Życie tak okrutne jednak nie jest, bo okrucieństwo życia wraz z jego trwaniem rozłazi się na wszystkie strony, wzmaga się i zanika, wyostrza i tępieje, zwodzi nas, przepoczwarzając się przelotnie w przyjemności. Okrucieństwo *Brzeziny* natomiast grane jest wprawdzie moderato, lecz w jedną stronę. Krok po kroku, takt po takcie ku otchłani. Nie ku jakiemuś tam końcowi, lecz ku otchłani, bo im bardziej bohater umiera, tym bardziej cała reszta rozkwita, jakby drugie żywiło się pierwszym.

A gdzież tu najczulsza czułość? W bezsilności, z jaką przypatrujemy się tej apokaliptycznej wręcz tragedii z jednej strony i banałowi życia z drugiej.

Ktoś odchodzi, ktoś inny jeździ konno, polewa się wodą, je, pije, pieprzy się, a wokół tyle bezużytecznego piękna.

Umarli do grobu, żywi do stołu, jak powtarzał Goya. W zasadzie wszystko w porządku, takie jest istnienie.

W wielu mniej lub bardziej wiarygodnych relacjach o Iwaszkiewiczu wspominano jego ciche i mądre pogodzenie się z życiem, olimpijski spokój wobec jego wyroków. Nie mam podstaw, by w to wątpić, ale z utworów mi najbliższych to nie wynika.

Iwaszkiewicz nie mówi, że wszystko w porządku. On mówi, że przemijanie ludzi, zwierząt, drzew, nawet rzeczy jest cholernie nie w porządku i wprawdzie nie dostrzegam w jego twórczości buntu, bo to nie ta natura, to słyszę w niej pogańską niezgodę, z którą solidaryzuję się jak z mało czym.

Więcej jej w opowiadaniach i niedocenianych wierszach, mniej w powieściach, np. *Czerwonych tarczach*.

To nie tyle rzecz o Henryku Sandomierskim, ile o średniowieczu. Uwodzicielskim średniowieczu, które bywa mądre, jasne, baśniowe, w którym najbardziej fantastyczne ludzkie projekty jak np. wojny krzyżowe się urzeczywistniają, ponieważ ludzie nie wiedzą jeszcze, że są rzeczy niemożliwe.

To nie jest epoka, jakiej nas nauczono, mroczna, wilgotna, zimna, wynaturzona fizycznie, intelektualnie, moralnie, wypełniona jak worek wszelkimi ludzkimi upadkami. To czas ujmującego Henryka Sandomierskiego, wspaniałego Saladyna, podróży w otwartym świecie, niespotykanych awantur, wielkiej matematyki na Wschodzie i największej filozofii na Zachodzie.

A do tego przedstawiona tak, że nie sposób się od niej oderwać.

3

Dwóch miałem literackich królów mojej młodości, Jarosława Iwaszkiewicza i Ernesta Hemingwaya.

Hemingway abdykował.

Nie zaglądam już do niego, z dekady na dekadę traci jako pisarz i nie zyskuje jako człowiek, mężczyzna, legenda.

Przejeżdżam potok w Abruzzach i niewiele mnie obchodzi, że Hemingway zasadzał się w nim na pstrągi. Siedzę w hotelowym barze na południu Francji, barman opowiada, że bywał tu Hemingway, pokazuje róg hallu, w którym pisarz dołożył Errolowi Flynnowi, proszę go, by opowiedział coś ciekawszego.

Dwadzieścia lat temu znajomi zawieźli nas nocą na Saint Denis w Paryżu, pokazali dziewczęta, niektóre zjawiskowo piękne, przypomnieli, że są tu takie, które obsługiwały Ernesta. Podziwiam ich długowieczność, ale nic więcej.

Wreszcie widziałem rzekę, za którą pisarz odszedł w cień drzew, i przysięgam, że nie był to Styks.

Za każdym jarem na Podolu natomiast stoi Jarosław Iwaszkiewicz, jak nie z takiej sobie *Sławy i chwały*, to ze wzruszającej *Książki moich wspomnień*.

Przed oczyma stoi mi dwumiesięczna wyprawa młodego poety „dalekim wachlarzem" po polskiej, ziemiańskiej Ukrainie, po dworach, dworkach, pałacach, folwarkach i latyfundiach Podhorskich, Rzewuskich, Świeykowskich, Tyszkiewiczów, z wiatrami przynoszącymi zapach Morza Czarnego. Było upalne, jak to na Kresach, lato 1912 lub 1913 roku, więc kończył się wiek XIX. Iwaszkiewicz długi i jeszcze wtedy chudy, spalony na brąz, przesiadał się z powozu do linijki, z linijki w bałagułę, z bałaguły w siodło, zapamiętując ostatnie pejzaże Wielkiej Rzeczypospolitej i jej ostatnie zapachy. Widzę je i czuję wraz z nim, kiedy wraz z nim zabieram się na tę wyprawę, nurzając się w całej wschodniej zmysłowości zawartej w słowach i między nimi.

I kiedy upieram się, wbrew rozsądkowi przecież, że pamiętam pył na Kubaniu, zapach morza przed Odessą, pustą, lodowatą, barbarzyńską przestrzeń między Moskwą a Dolną Dźwiną, światło w Winnicy, kilkusetosobowe bandy Nestora Machny, białą kawalerię pod Sewastopolem, naszych złotych chłopców w stolicy carów, to w mojej pamięci jest cząstka pamięci Iwaszkiewicza, który też tego przecież realnie nie doświadczył.

Bo jego pamięć składała się z pamięci wielu przed nim i obok niego. Nie mówię, że ten depozyt otwarty jest dla wszystkich, mówię, że niektórzy otrzymali do niego klucz.

Widzę go też nad każdym stawem obrośniętym tatarakiem i w każdej rachitycznej brzezinie na płaskim, brudnym, ordynarnym Mazowszu i daję się prowadzić w stronę Byszew.

A jesiennymi wieczorami przemyka ulicami Sandomierza, już zramolały, w szarym paltocie i berecie z antenką.

Kilka miesięcy temu wybrałem się po raz pierwszy w życiu na Sycylię. Przed wyjazdem zaglądnąłem do książki Iwaszkiewicza o wyspie. Żal ją sobie przypominać, taka niejednorodna, fragmentaryczna, miejscami przerasowana, a miejscami nudna.

A jednak w miarę trwania podróży coraz mniej było Sycylii z Lampedusy, Vettoriniego, z *Ojca chrzestnego*

Forda Coppoli, coraz mniej z całej mafijnej mitologii, a coraz więcej ze słabego Iwaszkiewicza.

Bo nawet słaby Iwaszkiewicz jest mocny.

I jeżeli po Corleone spaceruje się razem z Mariem Puzo, Fordem Coppolą, Nino Rottą, a nawet z Alem Pacino, to już na nieodległą, odludną Ficuzzę patrzyłem oczyma Iwaszkiewicza. A w Syrakuzach czekałem na popołudniowy greco, wiejący, jak wspominał pisarz, „z równomierną, przenikliwą i nieznośną siłą". I w ostateczności nic w tym mieście nie było dla mnie tak ważne jak to, że tam właśnie pisarz skończył *Panny z Wilka*.

A olbrzymią i porywającą w swoim przepychu katedrę w Monreale oglądałem, wstyd przyznać się do takiej zależności, całym Iwaszkiewiczem.

I chłonąc zapierające dech w piersiach pejzaże tej wyspy, dzieliłem wraz z nim całą fascynację północy południem i powtarzałem przez niego, za Heinem bodajże, słowa o sośnie, której się śniła palma.

Cała świetna klasyka rosyjska to było dla mnie wielkie odkrycie, Iwaszkiewicz to raczej potwierdzenie. Sięgam po jego późne, najlepsze wiersze, zastanawiam się z nim nad światem i niczego nie odkrywam, lecz wszystko potwierdzam.

I bardzo dobrze, bo w hierarchii moich literackich wrażeń potwierdzenie stoi najwyżej.

4

A co z niego zostanie poza Muzeum na Stawisku i co bardziej skandalizującymi fragmentami dzienników lub listów? Może nic.

Przy całym podziwie dla jego twórczości nie odważyłbym się postawić go obok Camusa, Manna, Faulknera czy Dostojewskiego.

Przy wszystkich swoich zaletach i umiejętnościach, przy całej wyjątkowości był pisarzem w skali świata peryferyjnym, a tamci stoją w centrum.

Nie był też nigdy swojakiem, luzakiem, kumplem. Co z niego za Vonnegut, Jerofiejew, Hrabal. Połowa Rosjan piła wódkę z Wienią Jerofiejewem, co zresztą prawdopodobne, bo ten wypić mógł dużo. Pokażcie mi Czecha, który przynajmniej raz w życiu nie przysiadł się do stołu Hrabala „Pod Różowym Tygrysem" nad Wełtawą. Mogę w to uwierzyć, bo kraj mały, a stół wielki. Mam kolegę powtarzającego przy każdej okazji, że Vonnegut jest jego najlepszym kompanem i śmierć tego nie unieważnia.

Nikt nic takiego nie powie o Iwaszkiewiczu, a pamięć po pisarzach zostaje i w podobnych relacjach.

Nie pozostanie po nim szelmowska legenda, jak choćby po Hłasce, Tyrmandzie, Iredyńskim, Himilsbachu. Nie będziemy wspominać jego bon motów, grepsów, pijaństw, bójek. Jego dziwek i kochanek.

Pamiętam telewizyjną wypowiedź Czesława Miłosza sprzed kilku lat, w której wspomniał o swojej irytacji niekończącymi się nostalgiami Iwaszkiewicza. Czy tej irytacji nie dzieli z nim spora część polskiej inteligencji zdegustowanej do tego serwilistyczną postawą pisarza wobec totalitarnej opresji?

Znam kilkoro wrażliwych młodych ludzi, nie sięgają po Iwaszkiewicza, a po Hrabala i Kunderę jak najbardziej. I mogą do niego już nie dorosnąć, bo kiedy dorosną, jego nie będzie, a wraz z nim jego bohaterów. Tych wszystkich młodych na ogół, zmysłowych, nadaremnych mężczyzn z wiszącą nad nimi gruźlicą i melancholią, tak bardzo obcych naszym szybkim, kategorycznym, wycwanionym i rozwrzeszczanym czasom.

Nie znam pisarza, który pisałby równie przejmująco o przemijaniu jak Iwaszkiewicz. A kto napisze o tym, jak przeminął On sam? Nikt pewno, bo kto by temu sprostał.

ANTYPISARZ

1

Od kilku lat mam to przed oczyma. Posępny, może ze względu na porę roku, pejzaż Colombey-les--Deux-Églises, w oddali wzniesienia Langres i Argonne, skromny, jak na zasługi, grób generała i z gruba ciosana sylwetka pięćdziesięcioletniego mężczyzny, podchodzącego do granitowej płyty z wieńcem róż.

Mężczyzna pochyla się nad mogiłą i dosyć długo układa szarfy wieńca, potem cofa się kilka kroków, wyprostowuje, strzela obcasami i skłania głowę w sposób, który świat już rozpoznaje.

Alain Delon, francuski amant, kochanek, podobno aktor, w młodości komandos w Indochinach, z przekonań, temperamentu i konstytucji marsylski gangster, przywiózł na grób de Gaulle'a, a swego kompana od męskich wzruszeń, najcharyzmatyczniejszego dowódcę w armii radzieckiej i przez lat kilkanaście również rosyjskiej, Aleksandra Lebiedzia.

Nikt im nie towarzyszy w tej jesiennej pustce,

w każdym razie w oku kamery nie ma nikogo, kto by ten poruszający widok zepsuł swoją obecnością, a mimo to nie brakuje niczego.

Jest dzielność, przyjaźń biorąca się z najwyższego wzajemnego podziwu, a nie z zażyłości czy przyzwyczajenia, historyczny seksapil, wzajemna fascynacja dwóch wielkich kultur, i jest to napięcie, które nie wynika z akcji, lecz jej przeciwieństwa, kiedy energia sytuacji moc swoją czerpie nie z tego, co się na naszych oczach wydarza, tylko z zawieszenia między tym, co było, a tym, co będzie.

I kiedy ta telewizyjna migawka, z jednym zdaniem komentarza, wyświetlona w dzienniku między wiadomością o kolejnym rozwodzie kogoś tam a wyprzedażą letnich ubranek dziecięcych gdzie indziej przemija, kamera chwyta w pole swego oglądu, na ułamek sekundy, bez żadnej intencji, jak sądzę, szczupłego, charakterystycznie pochylonego mężczyznę z nieodłącznym gauloise'em bez filtra między wargami i ci, którzy coś ze świata rozumieją, odnotowują w świadomości lub podświadomości niepowtarzalność sceny, której mieli szczęście być świadkami, bo rozpoznają w nim, nieżyjącego od lat bez mała trzydziestu, najsłynniejszego republikańskiego kondotiera w Hiszpanii, legendarnego dowódcę jej lotniczej eskadry, pułkownika francuskiego Ruchu Oporu z czasów II wojny światowej, komendanta partyzanckiej brygady Alsace-Lorraine, ministra w rządzie de Gaulle'a i jego najbliższego współpracownika, dwukrotnego przewodniczącego Zgromadzenia Narodowego, w młodości archeologa w Kambodży i rewolucjonistę w Chinach, i przede wszystkim pisarza, laureata nieskończenie wielu nagród, poza Noblem, André Malraux.

Bo to, co wspominam, choć zdarzyło się naprawdę, nie ma nic wspólnego z życiem, o rzeczywistości nawet nie wspominając, gdyż jest czystą, najczystszą z możliwych, literaturą.

Życia bym nie zapamiętał.

2

Nauczeni doświadczeniem, że jak się lata nisko, to życie staje się materiałem dla literatury, a jak wyżej, to literaturze zdarza się podpowiedzieć coś życiu, zauważmy drugą sekwencję, która bierze się z pierwszej.

Mamy koniec sierpnia 1958 roku w Atlasie Tellskim i Saharyjskim na północy, krystalicznym masywie Ahaggaru na południu i na wyżynie między nimi.

Ogromny kraj, który lubię, wyróżniam i rozumiem. Kraj nocy chłodnych, dni upalnych, najostrzejszego na ziemi kontrastu między światłem a cieniem, oględnej pory deszczowej, przewidywalnych burz piaskowych, nieustającego apetytu na wszystko,

Bogu dzięki, niemożliwego do zaspokojenia. Kraj, w którym się nie pocimy, nie brudzimy i jak na nas, funkcjonujemy niezawodnie, bo nasza fizjologia stara się nam nie dokuczać, a, bywa, dostarcza nam przyjemności, bez kosztów ich ponoszenia.

Kraj, w którym ze zdziwieniem konstatujemy, że czymkolwiek byśmy się zajmowali, nasze paznokcie są czyste, cera gładka i złota, temperatura ciała nieco poniżej umiarkowanej, trzy godziny snu na dobę stają się normą a bielizna nie wymaga zmiany.

Kraj szybkich świtów, zachwycających wschodów słońca, a tuż po nich takiej przejrzystości powietrza, że ze szczytów Ahaggaru przez trzy dni w roku zobaczyć możemy Timbuktu i rzekę Niger, nad którą leży.

Kraj poza słońcem, pustką i przestrzenią, absolutnego niedomiaru, jaki w miarę jego doświadczania lubimy o tyle bardziej, o ile bardziej nam służy, w przeciwieństwie do nadmiaru, który nas psuje.

Takie więc światło, powietrze, przejrzystość i kategoryczność towarzyszą generałowi de Gaulle'owi, kiedy odwiedza francuskie wojska specjalne w centralnej i zachodniej Algierii, składające się z dwóch dywizji powietrzno-desantowych, zaopatrzonych we wszystko, co ówczesna technika mogła zaoferować wojnie i ze świetnie przygotowanymi do wszelkich form walki lądowej korpusami legii cudzoziemskiej.

Nie ma ich jak na potrzeby wojny algierskiej wielu, ale ich przygotowanie, sprawność, doświadczenie, gotowość do ryzyka, zadowolenie z siebie samych, przeświadczenie o własnej wyjątkowości na obrzeżach świata, o misji, jaką spełniają wobec ojczyzny i cywilizacji, czynią ich niezwyciężonymi.

Trzytygodniowa podróż inspekcyjna generała przekonuje go, że arabska insurekcja w Algerii nie ma szans.

Teraz, w przyszłości, nigdy.

Że zdanie generała Challe'a, rozmoszczonego na przełęczy Chellata w lesie radiowych anten – rządzę sytuacją – brać należy za najlepszą monetę.

Że jakby się wszelki Amirouche z nieprzebraną armią fellachów starał, to sile uderzeniowej armii francuskiej nie sprosta.

Że branie za przykład roztropności Anglii, Holandii, Belgii czy Portugalii w powściąganiu swych imperialnych ambicji nie ma sensu, gdyż ich wojska w koloniach to nieliczne, źle dowodzone, niewyszkolone zbieraniny w porównaniu z półmilionową armią francuską w Algerii i jej awangardą w postaci, być może, najlepszych na świecie, specjalnych sił uderzeniowych.

Ale jest coś, co de Gaulle'a w tej pokrzepiającej inspekcji, poza problemami politycznymi wynikającymi ze zmiany świata, niepokoi.

Jest nią uroda tej wojny, jej niebezpieczne piękno, które generał jako pisarz zauważył, jako żołnierz docenił.

To nie Indochiny, gdzie kilka lat wcześniej wojsko grzęzło w błocie, tropikalnym deszczu, parujących wilgocią dżunglach, w lepkim upale, obezwładniających nałogach, gorączkowej rozpuście, brudzie, robactwie, chorobach i wszelkich innych atrakcjach Azji Południowo-Wschodniej. Tu jest pewna lekkość, czystość i jakby to paradoksalnie, wobec desperacji przeciwnika, zabrzmiało, łatwość.

Atak o świcie dwóch szwadronów helikopterów wlatujących w jeszcze nocny mrok górskiego wąwozu, by ostrzelać nagłym ogniem kryjówki arabskich bojowników, którzy wypadają ze swoich pieczar jak dojrzałe śliwki, i zapach rozgrzanych smarów, jaki temu towarzyszy, przy całym okrucieństwie tego zdarzenia, jest w jakimś stopniu usprawiedliwiony jego pięknem.

I tylko dureń może temu zaprzeczyć, tak jak dureń nie dostrzeże w kabylskich jeźdźcach uzbrojonych w radzieckie automaty najnowszej generacji, obserwowanych nieustannie przez lunety francuskich punktów dowodzenia, wzajemnej męskiej radości, na chwilę, nie ukrywajmy tego, na chwilę przed czyjąś najdosłowniejszą śmiercią.

Niewiele jest również widoków podnioślejszych niż pieszy powrót legii z pustyni do fortu, po kilkudniowym marszu z piętnastokilowym ekwipunkiem na każdego, kiedy żołnierze na granicy biologicznego przetrwania układają się w cieniu glinianych murów, a kucharze roznoszą kubki gorącej herbaty ze szczyptą piołunu, by powstrzymać ich pragnienie.

I wprawdzie generał nie opisuje w swoich wspomnieniach tych szczegółów, to wiem, że mówiąc o urodzie tej wojny, ma na myśli raczej to, co przybliżam, niż strategiczne, taktyczne lub polityczne asocjacje, które oddalam, bo sprawdzał armię gotową zatracić się we wdzięku wojny, gotową zapomnieć, komu służy, coraz skłonniejszą do każdego awanturniczego przedsięwzięcia, zdolną uwierzyć, że co dobre dla niej, dobre dla Francji, jakby zapomniała, że tylko to dobre dla Francji, co dobre dla de Gaulle'a.

Nie ma nic niebezpieczniejszego dla armii niż piękna wojna, gdyż pokusa służenia własnemu zadowoleniu emancypuje się w przeświadczenie, że nic mu się, z przyrodzonego prawa, nie równa.

Generałowie mogą zrezygnować z wojny beznadziejnej, politycy – nieprzynoszącej korzyści, moralizatorzy z wojny niesprawiedliwej, z pięknej wojny rezygnują tylko filozofowie i pisarze, bo tylko oni pojmują grozę, jaka z niej wynika.

To też telefoniczna rozmowa de Gaulle'a z Malraux, po zakończeniu inspekcji, o zabójczym niebezpieczeństwie urody, jakiej doświadczył i której jako żołnierz i pisarz się poddał, jej treść, klimat, metafory, sensy ukryte i oczywiste są literaturą, nie polityką.

De Gaulle wie, że wbrew spadochroniarzom, komandosom, legionistom, wbrew ich najdzielniejszym dowódcom, Francuzów i ich deputowanych nie licząc, musi tę wojnę skończyć, a Malraux, kondotier spraw wygranych i beznadziejnych, wie, dlaczego de Gaulle to wie.

Wie również, że generał w swej heroicznej decyzji jest tak samotny, jak samotny bywa autor wobec swej powieści i losów, które wykreował i za które, pasuje mu to czy nie pasuje, bierze pełną odpowiedzialność.

I wtedy André Malraux, któremu zarzucić można wiele, oprócz niesuwerenności, postanawia być z generałem na zawsze, gdy ten zasiada do tworzenia wielkiego, realistycznego, absolutnie autorskiego dzieła pt. „V Republika".

A jak to się między nimi zaczęło?

3

Jak na nich, banalnie. André Malraux wynajmował dom w Boulogne, gdy wczesnym latem 1958 roku zjawił się u pisarza nocą funkcjonariusz, jakbyśmy dzisiaj powiedzieli, służb z propozycją, którą się zalicza do nieodrzucalnych; generał de Gaulle pyta pana w imieniu Francji, czy zechce mu pan pomóc?

Wiele o sobie wiedzieli, a mimo to, gdy następnego dnia Malraux zjawił się w Ministerstwie Wojny, de Gaulle wyniosły, nieprzystępny, zawsze trochę patetyczny i ujmująco grzeczny, zaproponował – najpierw przeszłość – gdyż miał cechę, którą wielu podziwiało u Bonapartego, kierował rozmową.

To, co generał usłyszał, musiało być modelowym przeciwieństwem jego idei, przekonań, moralnych wyborów, postrzegania świata i prób zrozumienia go. Poza literaturą i kurtuazją dzieliło ich wszystko, ale ponieważ literatura i kurtuazja z tej różnicy wyłączyły się same, to po kilkunastu minutach, a mówił raczej Malraux, obydwaj stwierdzili, że wszystko ich łączy i że klamka, w zasadzie, zapadła.

Ta rozmowa, trwająca, jak myślę, godzinę, może dwie, osiąga natychmiast ton ekskluzywności, który generał narzucał każdemu zdolnemu jej sprostać.

Sednem tego nastroju była odświętność, która wyłączała z tematu powszedniość, jaką był, na przykład, naród, i zwyczaje, którym sprzyjał.

Sednem tego nastroju była decyzja o niezabieganiu o względy i przekonanie, że się jest ponad rzeczywistość, co łączy, łączyło i będzie łączyć zawsze prawdziwych mężów stanu i prawdziwych pisarzy. Wspólne przeświadczenie, że dobra strona to ta, po jakiej się właśnie stoi, i że nie trzeba arbitrów, którzy by to rozsądzili, bo nie ma niczego w religii, filozofii, ideach i polityce, co podlegałoby jakiemuś ogólnemu, solidarnemu wyborowi, gdyż sprawy tego świata już zostały wybrane.

Taka postawa daje nadzieję takim jak ja i mnie podobni, że rozochocenie, narodowe rozdokazywanie, poczucie plemiennej solidarności, naprawy krzywd, najczęściej urojonych, i apetyt na bieg dziejów, może być podporządkowany, a jak trzeba, zmiażdżony przez wolę ludzi wybranych nie przez dopuszczony do komitywy ogół, lecz opatrzność.

Zaczęli, kiedy wspomniana klamka już zapadła, jak to we Francji, od Rosji. A skoro od Rosji, to od Stalina (Jak możliwa jest wojna między Związkiem Sowieckim a Niemcami, skoro nie mają wspólnej granicy? – zapytano genseka w latach trzydziestych. – Można by ją znaleźć – odpowiedział). Malraux przytoczył tę wypowiedź, by uzmysłowić generałowi, a może tylko mu przypomnieć, jaką niesłychaną wagę historia przykłada najprostszym zdaniom wypowiadanym przez wielkich tego świata i jak z tymi zdaniami trzeba uważać, nawet jeżeli dotyczą tylko przewidywanej pogody.

Urodzony w Gori na Kaukazie, niewysoki, chromy, ospowaty diakon, którego przerzucają między sobą w dyskursie dwaj francuscy intelektualiści, nie jawi się im jako demon zła, tylko trzydziesty czwarty azjatycki satrapa, łagodniejszy od Temudżyna, Murada Wielkiego, Bajbarsa, bo obydwaj za wszelką cenę, a więc i cenę doraźnej, używanej na potrzeby chwili, przyzwoitości, zachować chcą miarę rzeczy.

Generał wypytuje pisarza o Lenina, Bucharina, Trockiego, których osobiście nie znał.

Potem rozmowa schodzi na komunizm, nierozwiązywalne, póki co, utrapienie Francji, na związki komunistów i ich ideologii z Ruchem Oporu, których z historii narodu się nie wymaże, i o tym, że de Gaulle jest zdecydowany osłabić wpływy tej utopii we Francji, a przez Francję w Europie, a przez Europę w świecie, doceniając jednocześnie energię tego ruchu w służbie społecznej. Zwraca uwagę, że komuniści sprawnie posługują się grą parlamentarną, nigdy w niej jednak nie uczestnicząc. Przychodzą na myśl słowa Malraux wypowiedziane publicznie w 1945 roku pod adresem komunistów: wasza gra jest ciemna i sięga głębiej niż polityka.

Przypominają sobie równocześnie nieznośną skłonność intelektualistów do komunizmu, w którym lokują oni tęsknotę za rewolucją, a Malraux zauważa, że cichym marzeniem wielu Francuzów jest gilotyna bez gilotynowanych (jak w Polsce szubienica bez powieszonych), a to rozkoszne skądinąd urządzenie, prowadzi ich do refleksji na temat Saint Justa, postaci ważniejszej dla Wielkiej Rewolucji od Robespierre'a i Dantona razem wziętych, a od tej dwójki do intelektualnego awanturnika i, w istocie, potwora, hrabiego Mirabeau, któremu przeciwstawiają generała Hoche'a.

Hoche to piękna postać – stwierdza de Gaulle – gdziekolwiek go postawią, godzien jest swego zadania.

Wypowiada to człowiek, któremu droga jest

Wandea, utopiona przez Hoche'a we krwi, i ta zdolność przyznania wielkości tym, którzy nam nie sprzyjają, jest cnotą różniącą polityków od pętaków.

De Gaulle wspomina admirała Jellicoe, o którym Brytyjczycy mawiali: Miał wszystkie zalety Nelsona, oprócz nieposłuszeństwa. Zastanawiają się, na ile w życiu jednostek, klas, społeczeństw i narodów nieposłuszeństwo stanowiło o ich sile i zdolności przetrwania, a kiedy strącało ich w czeluść niewyobrażalnych, choć zasłużonych cierpień.

Niepodzielnie panując nad rozmową, schodzi generał do czasów Cesarstwa Rzymskiego, precyzyjnie analizując jego wielkość i upadek, znajdując w jego zaletach i wadach paralele europejskie, a Malraux z pisarską ciekawością notuje w pamięci, jak bardzo świętości nieprzyjaciół de Gaulle'a – co zrozumiałe – i przyjaciół – co zagadkowe – przestają mieć dla niego jakiekolwiek znaczenie.

Generał urąga Francuzom i przyrzeka, że wybije im z głów nieustanne zajmowanie się wędzonymi śledziami, że zażąda od Francuzów czegoś więcej i znajdzie argumenty, by ich do tego przekonać.

– Co pana, generale, uderzyło najbardziej po powrocie do Francji? – pyta na koniec rozmowy Malraux.

– Kłamstwo.

By nigdy kłamstwu nie służyć, przy okazji, której sobie nie przypominam, na ciekawość pisarza, od kiedy de Gaulle myślał o wzięciu władzy nad Francją i Francuzami, ten odpowiada, że od zawsze.

4

Decyzji się nie odkłada, gdyż szybkość jest nie tylko częścią decyzji, ale jej istotą.

Tego generała nauczyła Akademia Wojenna w Saint Cyr i tego on tam nauczał, kiedy wykładał historię wojen.

I o ile u zarania tego poglądu u de Gaulle'a była teoria, to u Malraux praktyka.

Tak czy owak, obydwaj wiedzieli, „że zając po raz drugi się nie pokaże".

W kilka dni po ich pierwszym spotkaniu Malraux zostaje doradcą w gabinecie generała z uprawnieniami daleko przewyższającymi te, które z zajętej godności wynikają.

Ale też nimb de Gaulle'a i wymagania, jakie stawiał, wynoszą pisarza do roli polityka, gdy jako przedstawiciel Francji odwiedza jej terytoria zamorskie i wygłasza przemówienia, którym na Gwadelupie, Martynice w Gujanie odpowiada nieodmiennie „krzyk czarnej wolności".

W imieniu de Gaulle'a zapowiada im wieczny związek z Francją, który przy zaletach niepodległości nie będzie miał wady osamotnienia.

Wizyty nie są łatwe, bo skala nawarstwionych, tragicznie zaniedbanych spraw między koloniami a metropolią narastała przez lata, a rozwiązać je trzeba było w ciągu kilku dni, to zaufanie, jakim de Gaulle obdarzył pisarza, pozwala mu podejmować na miejscu historyczne decyzje, a doświadczenie żołnierza nie cofa go przed odwagą ich podjęcia.

Następne misje to spotkania z przywódcami i namiestnikami Indii, Cejlonu, Wietnamu, Singapuru, Hongkongu, Chin.

To serdeczne, bliższe religii, etyce, filozofii niż polityce rozmowy z Nehru, zdawkowe z Ho Szi Minem, wyrafinowane z Czou En-lajem, podszyte wzajemną niechęcią i brakiem zaufania z chińskimi marszałkami, ostrożne z Mao Tse-tungiem.

A wszędzie tam Malraux uzbrojony jest w ten rodzaj plenipotencji, który nie wymaga kontroli, gdyż jest na nim pieczęć wiary i przyjaźni.

W przerwach między misjami Malraux kieruje informacją, bierze udział w pracach rządu nad reformą oświaty, zajmuje się muzeami i duchowym dorobkiem Francji, zawsze w porozumieniu z generałem, które staje się wzajemną niezbędnością.

Pytanie filozofów, czy droga od czci do miłości jest możliwa, w związku tych dwóch mężczyzn znajduje pokrzepiającą odpowiedź.

W zaprojektowaniu i urzeczywistnieniu V Republiki, to znaczy przejścia z nierzeczywistego w rzeczywiste, to znaczy przekucia marzenia w konkret, to znaczy uczynienia z kraju dobrego jedzenia i dobrej armii, ale poza tym bezwładu, moralnej niestałości, zgniłych kompromisów, siedemnastu premierów w ciągu dekady, pozbawionych jakiegokolwiek wpływu na bieg zdarzeń, rozdemokratyzowanych do absurdu partii politycznych, gorszącej niewiary w siebie, niekończącego się cyklu pozorów, w czwartą politycznie, militarnie i piątą gospodarczo potęgę świata, generał de Gaulle miał współpracowników bardziej operacyjnych niż Malraux, w konkretnych zadaniach niezbędniejszych, to żaden z nich nie stanowił dla niego takiego wsparcia intelektualnego i duchowego.

„Po prawej stronie – i tak będzie do końca – André Malraux. Obecność u mego boku tego genialnego przyjaciela, z niezmienną żarliwością oddanego wielkim celom, budzi we mnie uczucie, że chroni mnie ona od stoczenia się do tego, co przeciętne, przyziemne, płaskie. Wyobrażenie, jakie ma o mnie ten niezrównany świadek, przyczynia się do tego, że czuję się silniejszy w powziętym postanowieniu. Wiem, że gdy przedmiotem debaty jest problem wielkiej wagi, jego błyskawiczna orientacja pomoże mi rozproszyć przesłaniające go ciemności" (Charles de Gaulle, *Pamiętniki nadziei – Wysiłek*, przeł. Jerzy Nowacki).

W zdumiewającej świat metamorfozie, jaką Francja przeszła w ciągu pięciu lat, od upokorzenia do wielkości, André Malraux miał udział znaczniejszy niż ktokolwiek poza generałem.

Obydwaj napisali tę wielką powieść. Obydwaj mają prawo czuć się jej autorami.

Nie ma jednak rzeczy doskonałych.

5

Gdyż każda fabuła zapisana na papierze lub w życiu, będąca wymysłem albo losem, pozbawiona soli i pieprzu, staje się nieco mdła.

W dziele pt. „V Republika", które trudno uwierzyć, że w rzeczywistości było możliwe, nie ma tego, co by poświadczało o jego wieloznaczności.

A wieloznaczność jest zaletą wszelkiego eposu.

Tu nie idzie o to, że zło jest ciekawsze, tu idzie o nieostrożność użycia jednego tworzywa, choć byłoby najwyższej próby.

W rozmowach z generałem, jakie Malraux wspomina, głównie w *Antypamiętnikach* i we wszystkich innych relacjach o wspólnych przedsięwzięciach, słowa nie ma o tym, jak kiwali politycznych przeciwników, jak podprowadzali ich pod niebezpieczeństwo, jak uprawdopodobniali zdradę tego czy tamtego lub jego współpracę ze służbami, jak dobierali się do lojalek, których we francuskich archiwach nie brakowało, jak zwoływali komisje śledcze, by po ich skompletowaniu wybrać im ofiary, jak podporządkowywali sobie sądy i prokuratury, jak fundowali przeciwnikom areszty wydobywcze, by odpowiednio skruszeli, jak oskarżali o kazirodztwo, pedofilię, homoseksualizm, molestowanie, no i, naturalnie, korupcję, jak znajdowali sposoby, by szydzić ze swoich wrogów, szydząc z ich preferencji, życiowych wyborów, samotności, ulubionych zwierząt, jak zasadzali się na ich psy, koty i ptaszyska, jak kaptowali dziennikarzy, redakcje, wydawnictwa, jak się onanizowali wszelkimi prawdziwymi i wymyślonymi ludzkimi upadkami, jak zebrali wokół siebie hałastrę wiernych psów gończych, które ruszały automatycznie za każdym, którego im wskazali, jak ich uwagę zwracał wszelki ludzki śmieć, który w nagrodę za posłuszeństwo przytraczany był do ich rydwanu, jak zakosztowali w hańbieniu tych, których już ostatecznie pokonali, jak gdyby przegrana nie była wystarczającą karą, a zwycięstwo nagrodą.

Jak folgowali swemu lenistwu i tchórzostwu, biorąc urlopy od niepopularnych decyzji ważących na przyszłości Francji, na rzecz takich, które były jej potrzebne niczym umarłemu kadzidło.

Gdzie ten rozdział w ich dziele, w którym informują, jak szlajali się obydwaj po peryferiach wszelkiej decyzji, nigdy z nią nie trafiając w sedno. Gdzie rozdział w ich dziele, w którym mimo obopólnych deklaracji o przywiązaniu do wyższości jest codzienność, konkret, ten cały sracz wypełniony po krawędzie bieżączką, od którego można się oddalić, ale przecież nie na długo.

Jak, mówiąc najkrócej, poza imponderabiliami i, skoro się przy tym upieramy, literaturą uprawiali politykę. I wprawdzie we wspomnieniach nie unikają informacji, a dotyczy to bardziej generała niż pisarza, jak rozprawili się ze śmiertelnie groźną rebelią generałów z Organizacji Tajnej Armii w Algerii, wśród których nie brak ludzi wybitnych jak Challe i Salan, mistrzów wojennej strategii, jak Zeller i Jouhad, patriotów, bez dwóch zdań, jak Soustelle, mających za sobą najprzyzwoitszych algierskich Francuzów i ich sprzymierzeńców w metropolii, to tę nieuchronność kary, jaką należy wymierzyć, podszywa ich wytworny chłód, ekskluzywny smutek, egzystencjalna rezerwa, a nie świńskie rozparzenie, wilcza zażartość i zmysłowa rozkosz spełnionego odwetu, w niepowstrzymanej furii i wrzasku, które nadają życiu, literaturze, rzeczywistości, nierzeczywistości, przyznajmy się do tego my, elektorzy, i nasi wybrańcy, rozkoszny smak.

6

I smaku, choć niekoniecznie tego, który wspominam, brakuje mi we wszystkich innych dziełach André Malraux.

Za pewne siebie to wszystko, za ogólne, za powściągliwe i zbyt kartezjańskie.

Jeżeli nie znalazłbym rozstrzygającego dowodu, że literatura to mieszanina tego, co duchowe, z tym, co przyziemne, drogie i tanie, wzniosłe i pospolite, dosadne i delikatne, szlachetne i podłe, to będę się upierał, że jest wycinkiem, fragmentem ograniczonym nie tylko wiedzą autora, ale i jego gotowością do spełnienia warunków umowy, jaką zawarł z odbiorcą. Kontrakt jest pewniejszy i łatwiejszy do wykonania, jeżeli obejmuje szczegół, a nie ogół.

Sadyzmem byłoby żądać od pisarza, który wszędzie był, każdego znał i wszystko zrozumiał, by w swej powieści lub noweli przedstawił, na przykład, romans ulicznika ze starzejącą się malarką, nie opuszczając dusznej mansardy w paryskiej Dzielnicy Łacińskiej, by, mówiąc najprościej, w literaturze nie wykorzystał doświadczenia, to jest wielkim twórczym ryzykiem podjęcie próby opisania wszystkiego.

A taka pokusa, mam wrażenie, nie opuszczała Malraux, gdy przedstawił publiczności *Dolę człowieczą*, *Czas pogardy*, *Nadzieję*, *Zdobywców*.

(Wyłamała się z tej pokusy debiutancka lub prawie debiutancka *Droga królewska*. Do dzisiaj mam w nozdrzach zapach dżungli między Laosem i Kambodżą, a dwaj bohaterowie tej awanturniczej, filmowej fabuły, Francuz Vannec i Niemiec Perken, są wystarczająco żywiołowi, by ich nie zapomnieć. I wprawdzie zamiar, by ukoronować tę historię egzystencjalnym lękiem lub tylko pesymizmem, jest czytelny, to się ze względu na młodość autora, dla dobra tej książki, nie powiódł).

Celnie ilustruje to powieść, która uczyniła Malraux jednym z najważniejszych pisarzy XX wieku, a we Francji uhonorowana została nagrodą Goncourtów, *Dola człowiecza*.

Jej akcja dzieje się na południu Chin, kiedy doliną rzeki Jangcy maszeruje do Szanghaju kuomitangowska Armia Narodowo-Rewolucyjna, która w przeddzień zwycięstwa podzieliła się na wojsko kontrolowane przez Czang Kaj-szeka i to, które uznało ideowe i polityczne zwierzchnictwo chińskich komunistów.

Krwawa masakra robotników w Szanghaju staje się apogeum tej historii.

Zaczyna się od tego, że niewiele mnie to obchodzi. Można powiedzieć, mój kłopot jednych obchodzi, innych nie. Ale już nie moim kłopotem jest, że po brawurowym i wyrafinowanym pisarsko początku, kiedy młody rewolucyjny aplikant Czen zarzyna w hotelowym numerze swego politycznego przeciwnika, a opisu tego czynu mógłby się od Malraux uczyć Dostojewski, gubimy go po kilku stronach na długo, bo na pierwszy plan wychodzi jego równie młody zwierzchnik Kyo.

I kiedy zaczynamy ich odróżniać, gdyż są niebezpiecznie do siebie podobni, autor zajmuje naszą uwagę Katowem, reprezentującym w Szanghaju, Komintern. W porządku, do Rosjan, mam dryg sakramencki, nawet jeżeli są z Kominternu. Ale wokół tej trójki pętać się zaczyna Lu i musi minąć ze trzydzieści stron, aż ich sobie jakoś poukładamy, wtedy też dostajemy postać najsympatyczniejszą, skrachowanego, conradowskiego barona de Clappique, który pojawia się w wiele lat potem w *Antypamiętnikach*, jest więc figurą z życia, co się zowie. Długo się nim jednak nie cieszymy, gdyż część II książki, już na stronie 76 otwiera cyniczny przedstawiciel Francuskiej Izby Handlowej w Szanghaju, Ferral, za którym krok w krok podąża dyrektor policji Martial. Zaraz potem wracamy na chwilę do Czena, którego już z trudem łączymy z brawurowym początkiem powieści, gdy przykrywa go You-Szu, o którym nie wyrabiamy sobie żadnego sądu, podobnie jak o Suenie, Pei lub Belgu Hemmerlichu. I wtedy dochodzimy do rzeczywiście ciekawego starego Gisorsa, przy którym chcielibyśmy trochę odetchnąć, ale bez złudzeń, żywioł czynu pochłania wszystko.

Bo każdy z tych bohaterów jest człowiekiem czynu, nawet stary Gisors, i każdy z nich, poza de Clappique'em, zajmuje się rewolucją, choć jedni w nią wierzą, a inni nie.

Dola człowiecza nie jest książką o własnych bohaterach, nie jest książką o historii ani o ideach, nic nie chce nam powiedzieć o bezsilności jednostki wobec świata i marnych perspektywach indywidualnego ludzkiego losu, nie jest o przeznaczeniu, nieuchronności, daremności, jest wielką apologią ludzkiego działania, mam wrażenie, bez względu na sprawę lub cel.

A czyn, w przeciwieństwie do abnegacji, nie jest fotogeniczny.

Czyn sprzedaje się trudno, bo natura czynu i natura literatury są sobie przeciwne.

Dlatego w *Doli człowieczej* go nie kupuję, podobnie jak w innych powieściach dziejących się w Azji, Hiszpanii, hitlerowskich Niemczech z ich mężczyznami, którzy nie wypisują się z korowodu zobowiązań, naznaczonych osobistą klęską, niosących nieodmienne przesłanie, że sprawa jest większa niż los.

Nie kupuję też drugiego filaru prozy pisarza, rozpaczy metafizycznej, którą czyn ma przynajmniej na chwilę zagłuszyć.

Rozumiem ją jak mało kto, a jeżeli sobie w tej chwili przesadnie schlebiam, to jak każdy inny myślący człowiek, ale w życiu, bo w literaturze mam na nią sposoby.

Egzystencjalną trwogę, najgłębszy pesymizm, metafizyczną rozpacz i co tam jeszcze życie nam przygotowało biorę z automatu, pod warunkiem, że opakowuje je iwaszkiewiczowska czułość, turgieniewowska uroda świata, hemingwayowskie zadowolenie z własnego rezonu w mierzeniu się z niebezpieczeństwami, które sobie wymyślamy. Rozpacz Malraux jest za surowa jak na moją miękkość.

Mógł pójść, skoro się już uparł na taką niezłomność, drogą swego wielkiego rodaka Maritaina, by z kontemplacji filozoficznej, która nie była mu obca, przejść do kontemplacji nadprzyrodzonej, to znaczy od filozoficznej metody poznania przejść do zjednoczenia mistycznego, jakim jest na przykład modlitwa.

Mam jednak prawo sądzić, że Malraux nie uczynił tego nawet wtedy, gdy doświadczył samobójczej śmierci swego dziadka i ojca, gdy w wypadku lotniczym stracił brata, w kolejowym żonę, a jego dwaj synowie roztrzaskali się w podarowanym im w przeddzień sportowym alfa romeo. Gdy osobiste nieszczęście szło za nim krok w krok.

Lubił Wschód, którego duchowość, najlogiczniej jak to możliwe, tłumaczy zagadkę bytu, ale nie niesie pocieszenia, bo nie obiecuje nagrody.

Na myśl chrześcijańską trudno było z kolei pisarzowi przystać, jeżeli postanowił nigdy nie wyłączać rozumu. Uznałby to za dezercję nie tylko z pozycji kartezjańskiego racjonalizmu, lecz zwykłej ludzkiej przyzwoitości, która nie godzi się na złudzenia.

Pojmuję go, choć sam w chwilach smutku lub trwogi wyłączam rozum, co przychodzi mi o tyle łatwiej, że mam go mniej i pocieszam się natychmiast wiarą w nieśmiertelność duszy.

Niemożność zejścia z pozycji racji i rozumu budzi szacunek, ale psuje pisarzowi jego opowieści.

Nie wiem, czemu z czterech udowodnionych bytów godzi się tylko z bytem koniecznym, w ostateczności, niekoniecznym, pogłębiając w sobie smutek, a swym postaciom ograniczając ich możliwości.

Ale za tę odwagę, bo to jest odwaga, szanuję go jak mało kogo.

Mieć zasady w życiu to jarzmo, którego nie jest w stanie ścierpieć wielu ludzi, mieć zasady w sztuce to rodzaj heroizmu, bo pokusa ich złamania nie niesie ze sobą konsekwencji, których na serio byśmy się lękali.

Odwrotnie, traktujemy to jako rodzaj wycieczki w miłym towarzystwie własnej nonszalancji.

André Malraux na takie wycieczki nie chodził. Był twórcą, zdarza się to bardzo rzadko, który przerósł swoje dzieło.

Ale wskażcie mi dzieła, które mogłyby dorównać jego życiu.

7

Rację miał mój przełożony i mentor w młodości, inżynier Jan, że literatura nie jest zajęciem dla dżentelmena, ale tylko wtedy, gdy oddamy się jej bez reszty, to znaczy przyjmiemy w życiu jej warunki.

Toksyczne podejrzenie, że piszemy tylko dlatego,

iż nic innego nie potrafimy robić, wymyślamy mniej lub bardziej nieprawdopodobne historie niemające wpływu na realne życie. Obok rzetelnego trudu naszych bliźnich uczestniczymy w czymś, co nam nie przystoi, że w związku z tym skazujemy się na status osobników traktowanych nierzadko z sympatią, ale zawsze półserio, podejrzenie nieobce wielu myślącym autorom, wypierane jest przez następne, że nawet gdybyśmy potrafili, i tak będziemy pisać, i diabli wiedzą, które z tych podejrzeń bardziej nas upokarza.

André Malraux pokrzepia nas doświadczeniem najnieprzeciętniejszego człowieka swojej epoki, dla którego literatura stała się ukoronowaniem wszystkich jego apetytów, powinności i przewag.

Szanuję go więc również za szacunek, jakim darzyłbym samego siebie, gdybym był na to gotowy.

Malraux powiada: myśl, że to, czym się zajmujesz, jest podejrzane, dwuznaczne, peryferyjne lub podstępne, niech cię nie niepokoi, gdyż w twoim imieniu również próbowałem egzotycznych wypraw, epokowych awantur, dostępnych mi wojen, administracji, polityki, nawet nauki, by na końcu stanąć w domu, w którym i ty stoisz.

Dom jest dobry.

Nie znam człowieka, który ozdobiłby pisarską profesję, jej mistrzów i wyrobników, tak wielkim osobistym znaczeniem.

Malraux reprezentuje twórców wszędzie tam, gdzie zamieszkały mądrość, męstwo i spełnienie, przy talencie się nie upieram.

Odnosi się to w tym samym stopniu do tych, którym te trzy wartości są bliskie, do tych, którzy nie uważają, by w uprawianiu literatury jak i jej odbieraniu spełnienie, męstwo i mądrość były ważne, jak i do przekonanych, że na literaturę składają się tajemnice nie z tego świata.

Pochwalić się nim mogą wszyscy utalentowani durnie, którym życie i powodzenie przychodzą tak łatwo jak splunąć, i twórcy subtelni, wrażliwi, duchowi z racji swych cnót, blokad, niekończących się zwątpień, odłączeni od nieokiełznanej, pierwotnej siły talentu.

A ci, którym talent służy jak pies, rozum jak niewolnik, wola jak maszyna, a duch jest w nich prawdziwie niezłomny, którzy nie potrzebują żadnej reprezentacji do niczego, gdyż sami są jedną wielką reprezentacją, pomyśleć powinni, że wielkość Malraux, będąca wypadkową ambitnych zamiarów, siły i zdrowia, by je spełnić, mądrości, by je zrozumieć, i nienagannego wychowania, jest już na zawsze postanowiona, a z ich znaczeniem albo i wielkością, póki żyją, może być jeszcze różnie.

Niech za swego przyjmą go zakute prawicowe pały, z czasów, kiedy był na przykład kuomitangowskim rewolucjonistą w Chinach, i lewicowe oszołomy, gdy z generałem zaprowadzał porządek we Francji.

Niech konfesyjni pisarze uznają, że Malraux dobrze ich będzie reprezentował przed Panem Bogiem, a zwolennicy poglądu, że życie jest chaosem, niech go ustanowią swoim delegatem do kosmicznej pustki.

Wszelki nienawistnik, ambicjoner, mitoman, a nawet pisarska menda, wyniesiony przez czasy, potrzebę chwili, rację stanu, salon lub koterię do roli wieszcza, ma prawo w chwilach zakłopotania do autora *Drogi królewskiej*, *Nadziei*, *Doli człowieczej*, *Zdobywców*.

Malraux nie jest z niepokalanego poczęcia, więc moralizatorom bezlitosnym wobec cudzych grzechów polecam go do przedstawicielstwa tylko w parze z tymi, dla których życie jest po to, by się nażyć.

Niech biorą go za swego wszyscy, którzy uważają, że sztuka to choroba, defekt, rozpad, obłęd, dekadencja, nieustanne mijanie się z istnieniem, jak i tacy, dla których jest krzepą i rozmachem.

Za dobrą monetę niech przyjmą, że dzięki katorżniczej pracy lub tylko umiarkowanemu wysiłkowi znaleźli się w kompanii często lżonej, wyśmiewanej, zamykanej w wieży z kości słoniowej, obarczanej skłonnością do intelektualnej prostytucji, posądzanej z natury obrabianej materii o mazgajstwo i bezsilność, że kompania jest niezła, skoro Malraux jej nie opuszcza.

I niech tak łatwo im to przyjdzie, jak łatwo przyszło Polakom uznać, że w sprawach honoru od dwóch wieków reprezentuje ich książę Józef Poniatowski, a w Elsterze utonął nie tylko dla Bonapartego.

8

Pisujemy o czasach, których nie znamy, o wojnach, w jakich nie wzięliśmy udziału, o męskich sprawach, których nie doświadczyliśmy.

Opisujemy miłość, jaka nam się nie zdarzyła, i uniesienie poza możliwością naszego temperamentu.

Wspominamy iluminacje, przed którymi byśmy się cofnęli, przytaczamy zdarzenia, których nie potrafimy wyjaśnić, smutki, jakie nigdy nas nie dotknęły, i radości, których już nie przeżyjemy.

Bywamy bezlitośni wobec swoich bohaterów i nielojalni wobec opowiadanych historii. Nie dopowiadamy ich lub, co gorsza, przegadujemy, lub, co najgorsze, wyprowadzamy na manowce, z których nie znamy powrotu. Poddajemy eksperymentom, by przykryć bezsilność. Nasze postaci stawiamy przed wyborami, jakich sami byśmy nie dokonali.

Wymyślamy im zagrożenia, choroby, nałogi, szaleństwa, o które w modlitwach prosimy, by się nam nigdy nie zdarzyły.

Mówiąc jednak my, wyłączam z tej litanii André Malraux.

Wszystko, co robił, traktował poważnie, więc literaturę też, a może przede wszystkim, a ona nie zrewanżowała mu się tym samym.

Bo wszystko, co literatura uczynić może dla swego autora, to nie dać o nim zapomnieć.

Malraux pamiętany będzie we Francji, w Europie, w świecie tak długo, jak nie pochłonie nas jedna wspólna, globalna skleroza, głównie jako świadek epoki, współtwórca rzeczywistości, z której wyrastamy, i wielki depozytariusz męskiego kodeksu honorowego, przy którym Hemingway, na przykład, był sprzedawcą lipy. Nie jestem pewien, czy przetrwają jego powieści, bo przy najwyższych intelektualnych zaletach nie tchnął w nie duszy.

W życiu dusza bierze się od Boga, jeżeli kto w Niego wierzy, w literaturze duszę konstytuuje wzruszenie.

Wzruszenia bywają różne, co do mnie, wyróżniam nieprzeżyte przez innych.

Kto z tych, którzy zwrócili uwagę na telewizyjną migawkę z Delonem i Lebiedziem, zauważył wzruszenie tego ostatniego i jego żal, że się z de Gaulle'em w życiu rozminęli.

Że nie było sprawy, idei, przedsięwzięcia, a choćby przygody, w której mogli być razem.

126

Tego żalu, że się we własnej ojczyźnie nie znalazło służby wobec człowieka, która godna by była ofiarowywanej mu podległości.

Bo generał Aleksander Lebiedź – afganiec, dowódca Tulskiej Dywizji Desantowej, komendant VIII Armii w Naddniestrzu, negocjator i twórca dwóch pokojów, nad Dniestrem i w Czeczenii – jest człowiekiem służby, tak jak ten, na kogo grób przybył, był człowiekiem rozkazu, władzy i wizji.

Największy rosyjski buntownik, poza Pugaczowem, Stieńka Razin miał powiedzieć: służyłbym jak pies, gdyby było komu.

Czy łzy pod powiekami i skurcz gardła, o których Lebiedź kilkakrotnie po swojej wizycie w Colombey-les-Deux-Églises publicznie wspominał, to nie był żal, że ojciec wśród wielu synów nie miał tego, na którego najbardziej zasłużył?

Życie polega na tym, że nieustannie się mijamy, w historii, codzienności, uczuciach, a jeżeli zdarzy się spotkanie, to ich wynikiem są wielkie książki, inspirujące idee, szczęśliwe małżeństwa, udane dzieci, sprawiedliwe wojny, niezbędne pokoje, roztropne cesarstwa, piękne republiki i co tam opatrzność miewa, od czasu do czasu, dla nas w zanadrzu.

Spotkania obydwu generałów w służbie, choćby i niczemu, opatrzność w zanadrzu nie miała.

Czy André Malraux, zgłaszając się na tę uroczystość z zaświatów, ma prawo przypuszczać, że to jedyne wzruszenie, którego mógłby użyć w książce, jakiej nie napisał.

Czemu nie.

I czy możliwe, by na ułamek sekundy pojawił się za plecami dwóch kompanów składających wieniec z róż na granitowej płycie, i czy mógłby się tam znaleźć właśnie w sprawie tego wzruszenia?

Czemu nie.

PO ŚNIADANIU

1

Wspominam czasy, kiedy słońce nie powodowało czerniaka, od alkoholu nie dostawało się marskości wątroby, skleroza nie brała się z dobrego jedzenia, seksowi nie towarzyszyło niebezpieczeństwo AIDS i, co najważniejsze, papierosy nie miały związku z rakiem płuc, to znaczy wspominam czasy, w których poznałem pannę Holly Golightly ze *Śniadania u Tiffany'ego*.

Miałem wtedy osiemnaście lat i nie wiem, skąd brał się we mnie pogląd, że czeka mnie dobre życie.

Nie wdając się w szczegóły, przeciwko takiej opinii o sobie samym przemawiała cała otaczająca mnie rzeczywistość, a za nią marzenia, którym oddawałem się bez miary, i utracona z latami umiejętność cieszenia się zmysłową, więc nic niekosztującą stroną życia.

Upalne lato 1963 roku nie powtórzyło się już nigdy. Lata przed nim i po nim były deszczowe i chłodne, a w górach mego dzieciństwa i młodości do tego krótkie.

Mój nielojalny zwykle organizm dał mi poznać co to zdrowie, trzy miesiące upałów wytopiły z niego wszelkie toksyny, słońce spaliło go na brąz, całe popołudnia pływania w okolicznych glinicankach spowodowały, że moją asteniczną sylwetkę związały dyskretne, lecz niezawodne mięśnie, a kilkudziesięciokilometrowe rowerowe rajdy zaprawiły mnie w sposób, którego już nie doświadczyłem.

Na zadowolenie z samego siebie tego lata wpływał też fakt, że od roku sam się utrzymywałem z pracy, którą do swego życiorysu dołożyłby w ciemno niejeden pisarz mitoman i każdy inny twardziel kultywujący męskie rytuały.

Sekundowałem zwożeniu drzewa z gór, współodpowiadając za stan ciężarówek mających już swoje niepodważalne miejsce w polskiej literaturze, o czym nie wiedziałem, więc nie deprawowała mnie żadna wydumana kreacja.

Czysty byłem jak łza.

Poza wszystkim związek, w jakim trwałem od kilku miesięcy, zapowiadał się jak najfortunniej, to znaczy, ona mnie kochała, a ja jej ani trochę, co w dosadnej, nieczułej młodości daje poczucie uniezależnienia i przewagi, wprawdzie nieszlachetnej, lecz rozkosznej.

Mimo wrodzonego pesymizmu, niewiary w sens istnienia i metafizycznego lęku, którym podszyty byłem, od kiedy pamiętam, każdy kontakt z materią mój umysł przerabiał natychmiast na przyjemność.

Każde przejście ze słońca w cień, prąd powietrza, gdy zjeżdżało się rowerem dobrą poniemiecką szosą w nieckę stawów obrośniętych tatarakiem, pokonanie w bród szeroko rozlanej, kamienistej rzeki prowadzącej do jedynego w okolicy jeziora, przejrzysty świt z tą chwilą ożywczego chłodu, jaką spiekotę by poprzedził, smak piwa wieczorem na werandzie gospody, które trzymano w miednicach z wodą, by się nie zagotowało, obraz zbliżającej się o zmroku dziewczyny, którą łagodne światło wypiękniało podobnie jak jej heroiczne czasami starania, by się podobać, by być miłą, dobrą, opiekuńczą, słodką, uległą, bo wspominając zalety czasów, w których poznałem Holly Golithly, dodać trzeba, że młode kobiety nie wiedziały, co to feminizm, równouprawnienie, wyzwolenie i żyły w przekonaniu, że z różnicy między płciami wynika jeżeli nie wartość, to radość.

I to, co najrozkoszniejsze, smak wysuszonego sporta, a tego lata wszystkie były odpowiednio wysuszone, a wcześniej ich wiotkość, gdy toczyło się je w palcach, a drobinki ciemnego tytoniu sypały się na ziemię. Nigdy przedtem i nigdy potem papierosy nie smakowały mi tak bardzo, a ich męski, rasowy, niepowtarzalny zapach będzie mi towarzyszył już do końca moich dni, ilekroć odważę się powspominać przyjemności, co bezpowrotnie minęły.

Więc, jakby na to nie patrzeć, jakby się nie krygować i jakby się nie zarzekać, Holly Golithly z 56 Alei w Nowym Jorku również.

<h2 style="text-align:center">2</h2>

Bo jakby nie patrzeć, jakby się nie krygować i jakby się nie zarzekać, lektura *Śniadania u Tiffany'ego* stała się jedną z moich najbardziej zapamiętanych, więc najważniejszych literackich przygód.

Ale czemu?

Byłem już dorosły, po wszelkich możliwych literackich inicjacjach. Miałem już za sobą rosyjską klasykę, Iwaszkiewicza, Camusa, Mauriaca, byłem na bieżąco z Hemingwayem, próbowałem Faulknera i nie mogłem nie zauważyć, że w porównaniu z Buninem seksapilu w *Śniadaniu*... tyle, co kot napłakał, w porównaniu z opowiadaniami Iwaszkiewicza nie ma w nim czułości, wzruszenia, zmysłowości, wolne jest od Turgieniewowskiej charyzmy i zniewalającej prostoty jego opowieści, że lektura Gogola uzmysławia nam, na czym polega różnica między poczuciem humoru a jego udawaniem, że nawet wdzięk, ta ostatnia pisarska deska ratunku ma w *Śniadaniu u Tiffany'ego* urodę przysłowiowego kwitu na węgiel.

Że interesujący pomysł pochłania typowe dla Capote'a wysilone i męczące luzactwo, którego pozbył się dopiero w swojej najlepszej książce *Z zimną krwią*, że niepohamowana chęć podobania się wek-sluje tę historyjkę na manowce niegombrowiczow-skiej niedojrzałości, niemłodzieńczości tak wzrusza-jąco przedstawionej w *Buszującym w zbożu* Salingera, tylko wyspekulowanego, jak podejrzewam, literackie-go infantylizmu. Że podszyte ironią szpanerstwo wy-tłumia w tym opowiadaniu jakikolwiek ślad namysłu nad tajemnicą istnienia.

A jednak ilekroć spotykam dziewczynę o sylwetce chłopca, to przychodzi mi na myśl panna Golithly w podróży lub na miejscu. Kiedy mam do czynienia z onieśmielonym, nic nierozumiejącym poczciwcem, to widzę tak nieczule, samolubnie i prostacko porzu-conego przez Holly końskiego doktora z Tulip w Tek-sasie. Jak patrzę na wysokie, kruche modelki, mam przed oczyma Mag Winwood, której się w końcu tak bardzo powiodło z milionerem Rustym Trawlerem. Uczestnicząc w wysilonym, przeludnionym przyjęciu z nudą tężejącą w powietrzu i tym rodzajem skrępo-wania, którego nie jest w stanie rozluźnić żaden alko-hol, przypominam sobie to, na które Holly zaprosiła narratora do swego ciasnego, nowojorskiego mieszka-nia. A potok słów przypadkowo spotkanych młodych kobiet próbuję zahamować uwagą, że gada tak, jakby była dziewczyną od Tiffany'ego, a przecież na pierw-szy rzut oka widać, że nią nie jest.

Naturalnie, nie zapominałem innych literackich

postaci, z ukochanymi zwierzętami włącznie, bywało, że obcowałem z nimi w miarę upływu czasu coraz częściej i mocniej, ale jak to się w ogóle stało, że moją pamięcią na tak długie lata zawładnęły te Capote'owskie kukiełki?

3

– Jaki sport uprawiasz? – zapytał mnie kilka lat temu na jednym z warszawskich party młody człowiek z Ameryki.

Odpowiedziałem, że wyprowadzam na spacer psy.

– Fantastyczne! – zawołał bez śladu ironii. – Jakże ci tego zazdroszczę.

Jest to przykład rozmowy, która przy stole nie miałaby żadnego sensu, a na party jak najbardziej. Bo stół nas do czegoś zobowiązuje, a chodzony bankiet do niczego. Ten rodzaj spotkań wymyślony i uprawiany na potęgę w społeczeństwach, które ze swojej ignorancji uczyniły cnotę, dotkniętych mimo pozorów swobody silną blokadą emocjonalną, niemających sposobu na jakiekolwiek braterstwo dusz, porozumiewających się za pomocą towarzyskich grepsów, wyświechtanych frazesów, fizycznych skurczów i rozkurczów, ten rodzaj spotkań ma jedną niepodważalną zaletę, nikogo do niczego nie zobowiązuje.

To na bankiecie można powiedzieć komuś w ostatnim stadium choroby, że cudownie wygląda, babie jak szafa, że bardzo ostatnio wyszczuplała, grafomanowi, że jego ostatnia książka była zniewalająca, a zdegradowanemu do spodu politykowi, że naród go jeszcze doceni.

Żadnego poglądu nie trzeba bronić, każda, nawet najabsurdalniejsza opinia brana jest za dobrą monetę, nie ma racji, przy których warto by się upierać, w związku z tym nie jest możliwy żaden spór, bo bankiet lub, jak kto woli, party nie wymaga od nas niczego.

I takie są postaci tego opowiadania, bankietowe bez reszty. Nawet wystrychnięty na dudka mąż Holly, nieszczęsny, frajerski weterynarz, któremu nie współczujemy ani w ząb, nawet Fred, brat bohaterki, jeszcze głupszy od niej, który ginie nie na żarty gdzieś w Europie, a my go nie opłakujemy, nawet Sally Tomato z Bronksu, którego dziewczyna odwiedza w pudle, jest z nowojorskiego bankietu.

Bo skąd oni wszyscy, u diabła, mieliby by być?

Zaletą pierwszą tego opowiadania o pojawieniu się i zniknięciu drobnej kurewki i jej kompanów jest niezobowiązanie. Autor nie czuje się zobowiązany wobec swoich bohaterów, oni nie zobowiązali się wobec siebie, wobec nich nie zobowiązuje się czytelnik, a oni odpłacają mu tym samym. Nie dlatego tylko, że biorą życie jak leci, są nieprawdziwi i pospolici, że rówieśnicy narratora w tym samym czasie toczą ciężkie walki na Półwyspie Apenińskim, a pół roku później wykrwawią się na plażach Normandii, ale dlatego, że niczego od nas nie żądają, niczym nas nie męczą, wobec niczego nas nie stawiają.

I nie udawajmy, że to nam nie pasuje.

Tam nie ma doktora Rieux z *Dżumy*, który onieśmiela nas swoją spokojną odwagą. Tam nie ma Lorda Jima, zobowiązującego nas do współodpowiedzialności za katastrofę „Patny". Nie szwenda się po tej historyjce Raskolnikow z tą swoją nieznośną moralną chybotliwością, nie terroryzuje nas żaden pieprzony Karamazow, nie irytuje książę Myszkin i nie chce nam przyłać Faulknerowski Bayard Sartoris, a Wiktor Ruben od *Panien z Wilka* nie męczy swymi nostalgiami.

I na bank nie natkniemy się w tej historii na żadnego Anhellego, Kordiana, Konrada, poetycko wspaniałych, przy których strach jednak usiąść, taki blask dostojeństwa od nich bije.

Capote'owskie postaci mówią nam: poszwendaj się z nami tu i tam, poobijaj się, posłuchaj, jak chrzanimy bez sensu, poopalaj się z dziewczynami na schodach przeciwpożarowych, pogadaj z O.J. Bermanem o swojej filmowej karierze, której nigdy nie zrobisz, posiedź przy barze u Joe Bella, a jak się znudzisz sobą lub nami, miastem czy życiem, to nie zatrzymujemy.

A na odchodne mówimy, nie martw się o jednookiego kota, da sobie radę.

Jeżeli pierwszą zaletą *Śniadania u Tiffany'ego* jest ogólne niezobowiązanie, to druga zaleta z niej się bierze, a jest nią młodość.

Wielkiemu Tomaszowi Mannowi nie udało się napisać niczego, co by było przed siedemdziesiątką. Jego niesłusznie zapomniany rówieśnik Mauriac też nie pisał młodziej, a każda powieść Virginii Woolf natychmiast zgrzybiała od starości.

Cenię w literaturze starość, nie dojrzałość, lecz mądrą, wyzbytą z pragnień starość, sam takiej literatury próbuję, jeżeli jestem w stanie przyjąć artystyczne nowatorstwo, to tylko pod warunkiem, że jego rdzeniem jest starość, jak u Witkacego z jego wszystkimi trwogami, ale w czasach, które wspominam, nie mogła to być moja preferencja.

Od dzieciństwa naznaczony starością, wychowywany przez starych ludzi, poddawany starym rygorom i rytuałom, uległem niespożytej młodości z jej impetem, egoizmem i nadziejami na wszystko.

Nie mogłem znaleźć w literaturze niczego, co by w równym stopniu jak opowiadanie Capote'a korespondowało z moim stanem.

I nie znalazłem do dzisiaj.

Ale karząc mnie za młodzieńcze iluminacje, mój

późniejszy los strącił mnie, jeśli nie w otchłań, to w strefę mizantropii, niespełnienia i, jakby się przed tym słowem nie bronić, pustki. Wieku dojrzałego nie rozświetliła żadna idea, pasja, namiętność i wszystko wokół mnie i we mnie stygło.

U schyłku życia wróciłem do opowiadania. Każda postać i każda rzecz są w nim takie, jakimi je pozostawiłem 45 lat temu, tyle że beze mnie. Nie znalazłem w nim siebie ani żadnej ze swoich przyjemności.

Bo już nie zauważam, kiedy przechodzę ze światła w cień, nie zjeżdżam rowerem na łeb i szyję do niecki stawów obrośniętych tatarakiem, nie czekam na werandzie gospody ze sportem między wargami na dziewczynę, która pragnie być dobra, oddana, słodka, nie ma już kamienistej rzeki, którą przechodziło się w bród i nie słyszę już „harfy traw".

Książki o tyle są dla nas ważne, o ile opowiadają o nas takich, jakimi jesteśmy lub, co ważniejsze, moglibyśmy być. Teraz o mnie opowiada już mądrzejsza, dojrzalsza, lepiej zrobiona literatura i bardzo czasami tego żałuję.

Śniadanie u Tiffany'ego budzi za sobą żal jak kobiety, które nas opuściły, bośmy spowszednieli, zbrzydli, zestarzeli się, przygnębiająco zmądrzeli. Nie jesteśmy przez to gorsi, a one lepsze, ale to one odchodzą, jak odeszła dziewczyna o figurze chłopca z całą swoją menażerią, a *Czarodziejska góra* trzyma się mnie kurczowo jak rzep psiego ogona. I nie ma takiej siły, by przepędzić w cholerę tę najwyższą mądrość, najwytrawniejszą wytrawność, najpiękniejszą piękność, najabsolutniejszą literacką doskonałość, a ręka, ukrywał tego nie będę, czasami świerzbi.

Zamieniam w ciemno siebie, jakim jestem, na tego, który upalnego, długiego lata 1963 roku poznał pannę Holly Golithly. Zamieniam pisarzy, których podziwiam, w których znalazłem oparcie, z którymi łączy mnie powinowactwo dusz, z którymi, jak sądzę, zaprzyjaźniłem się, na Trumana Capote'a, jakim był wtedy, gdy napisał historię Holly i jej kompanów.

Zamieniam jedno i drugie po to chociażby, żeby być znowu przed śniadaniem. Za każdą cenę przed śniadaniem.

U Tiffany'ego czy gdziekolwiek indziej.

SPIS TREŚCI